中公新書 2835

山野内勘二著

カナダ

——資源・ハイテク・移民が
拓く未来の「準超大国」

中央公論新社刊

はじめに――知られざる未来の「準超大国」の実力

日本人なら誰もがカナダを知っている。「赤毛のアン」、ナイアガラの滝、メープル・シロップ、ロッキー山脈、さらに、北極地域に暮らす先住民やオーロラ。牧歌的で大自然のイメージを持つ人が多い。あるいは、超大国アメリカ合衆国の「五十一番目の州」のように見ている人もいるだろう。

しかし、カナダの持つ潜在力と可能性は知られていない。国際社会は、ウクライナ危機、中東紛争、さらには北朝鮮情勢など激しく変化している。そんな中、民主主義国家にして資源大国であるカナダの存在感が増している。二一世紀の厳しい地政学的現実に直面し、資源に乏しい日本にとって、非常に大切な国だ（第一章）。

例えば、国際情勢を一変させたロシアによるウクライナ侵略。日本は、「法の支配」を無視し、軍事力による一方的な現状変更は決して受け入れられないとして、厳しい対ロシア制裁を科す。日本国民も総じて支持しているが、制裁にはさまざまな副作用も生じる。

実は、農業に必要不可欠な肥料について、日本は危機的状況に直面した。肥料生産には塩化カリが不可欠だが、日本はその全量を輸入しており、その三割はロシア・ベラルーシ産だ。

対ロシア制裁で、ロシア・ベラルーシからの輸入が止まることによる不足分を補わなければ、たちまち、肥料不足に陥り、日本の農家は大打撃を受ける。そこで浮上したのがカナダだ。塩化カリの世界最大の生産国で、すでに日本の輸入の六割がカナダ産だったが、追加で輸入することになった。日本は救われた。

ロシアのウクライナ侵略、そして中東紛争で国際情勢が緊迫する中、国際市場では「三つのF」すなわち、Food（食料）、Fuel（燃料）、Fertilizer（肥料）の安定的供給が喫緊の課題だ。カナダは、「三つのF」を安定的に供給する意思と能力を持ち、かつ信頼できる国だ。

二一世紀の経済と社会、国家安全保障にとって、AI（人工知能）や量子コンピュータの重要性は論を俟たないが、カナダはこれらのハイテク分野でも最先端を走っている（第二章）。「AIのゴッド・ファーザー」と称され、二〇二四年ノーベル物理学賞を受賞したトロント大学のジェフリー・ヒントン名誉教授の例が興味深い。

ヒントンは、ウィンブルドン生まれの英国人で、ケンブリッジ大学卒業後、英国エジンバラ大学大学院でコンピュータ・サイエンスの学位を取得。その後は、米国カーネギー・メロン大学で、人間の脳の思考回路を機械で再現するニューラルネットワーク研究に没頭する。しかし、五年間在籍するも芽は出ず、一九八七年、トロント大学に移籍する。もちろん、すぐに成果が出るわけもなく、科学雑誌に研究論文を投稿しても没になる状況が続いた。

結果が出たのは、ヒントンがトロント大学に移って二五年後の二〇一二年。画像認証の精度を競う世界大会だ。MIT（マサチューセッツ工科大学）やケンブリッジなど有名校に大差をつけて、トロント大学が優勝する。世界を驚かせた研究の成果こそ、ディープ・ラーニングやマシーン・ラーニングと呼ばれる現代AIの核心だ。

海のものとも山のものとも判然としない研究を続ける英国人を支援し続けたトロント大学とカナダ政府の勝利でもある。短期で成果が求められる米国とは異なるカナダの強みだ。他にも、囲碁の国際チャンピオンに勝ったAI（アルファ碁）はアルバータ大学発。世界で初めて量子コンピュータを事業化したD-Waveもブリティッシュ・コロンビア大学発のベンチャーだ。最先端技術の地道な研究がカナダで開花している。

さらに、注目すべきは、移民の現状だ（第三章）。米国は、二〇一七年一月のトランプ政権以降、過度に内向きになり、国内の分断が顕在化し、南北戦争以来の危機とすら論じられる。一方、カナダは米国とは対照的だ。移民国家にして民主主義を機能させ、国内も安定的で、移民・難民に対し寛容だ。実際、移民政策が功を奏し、合計特殊出生率は一・三三と少子化が進行しているものの、人口増加率はG7最大。二四年のカナダの人口は約四一〇〇万人。今世紀末には、人口一億人を突破するとの説もある。

鍵は、現実的で効果的な移民プログラム。言語、学歴、資格、職歴等を数値化して評価する「ポイント制度」が機能している。また、外国企業が優秀な技術者を海外から導入する新しい制度も創設。スタートアップ企業を経済成長に繋げることを狙う。大きな構想力だ。

一方、移民による急激な人口増がもたらす弊害も目立ち始めた。カナダ国民の過半が移民の経済的インパクトを肯定的に捉えているが、今後の動向に注視すべきだ。国家の成り立ちも歴史もまったく異なるカナダだが、人口減少に悩む日本にとって示唆に富む。

そして、人類の生存に直結する地球温暖化対策の文脈でもカナダは注目されている（第四章）。広大な国土と豊富な資源と高い技術を持つカナダは、温室効果ガス（GHG：Greenhouse Gas）の排出量と吸収量を差し引きゼロにする「ネットゼロ」の二〇五〇年達成に向け鍵を握る。水力発電を筆頭に自然エネルギーを有し、天然ガスも豊富。さらに、水素、アンモニア等の新エネルギー生産の潜在力も大きい。また、安全でコストも安くGHG排出ゼロの小型モジュール原子炉（SMR）計画も進行中で、世界初の商業ベースでの運用開始も視野に入る。

また、GHGを出さないゼロ・エミッション車（ZEV）が世界的潮流となる中、その核心にある電池製造でもカナダは存在感を示す。欧米日の自動車メーカーは、新型コロナ、ウクライナ情勢等でサプライ・チェーンが大打撃を受けた経験と地政学的なリスク等を考慮し、中国への過度な依存を見直す動きを加速する。世界最大の北米市場の一角をなし、リチウム、ニッケル等の重要鉱物（critical minerals）を豊富に埋蔵するカナダへの大型投資が相次ぐ。

外交の面でも動きが顕著だ（第五章）。歴史的にも地理的にも大西洋、欧州、米国と密接な関係を持つカナダは、今、アジア・太平洋への関心を強めている。成長著しく大きな潜在力を秘めるこの地域の平和・安定・繁栄が自らの力の源泉だと認識する。二二年公表の「インド太平洋戦略」は、カナダ外交の歴史的転換だ。日本の国家安全保障戦略とも軌を一にする。日加両国政府は同年、安全保障から経済分野まで幅広い協力を規定する「自由で開かれたインド太平洋に資するアクションプラン」を定めた。情報保護協定、国連決議に基づく北朝鮮の監視活動、自衛隊とカナダ軍の共同演習など多岐にわたる。G7メンバーであり、TPP（環太平洋パートナーシップ）協定の原加盟国。NATO（北大西洋条約機構）に属し、最強の情報収集能力を誇る米英系の機密情報ネットワークであるファイブ・アイズの一員でもあるカナダは、日本にとって信頼できるパートナーだ。

もちろんカナダもさまざまな矛盾を抱え、困難な課題に直面し、悩みも深い。若い移民国家であるがゆえに、国家のアイデンティティ形成は根源的な問題だ。ケベック独立問題にも苦しむ。大麻合法化、医療無償化の試みが結果を伴わない。先住民との和解への道も険しい。それでも、カナダは理想を追求している。その姿は、二〇世紀初頭、傷ついた欧州を見つつ、力強い新興移民国家を建設したアメリカに重なる。

本書は、現在進行形で変化し続けるカナダの肖像を記すものだ。

なお分析、判断は筆者個人のものであり、筆者が属する組織によるものではない。

目次

地図作成／モリソン
図表作成／明昌堂
ＤＴＰ／今井明子

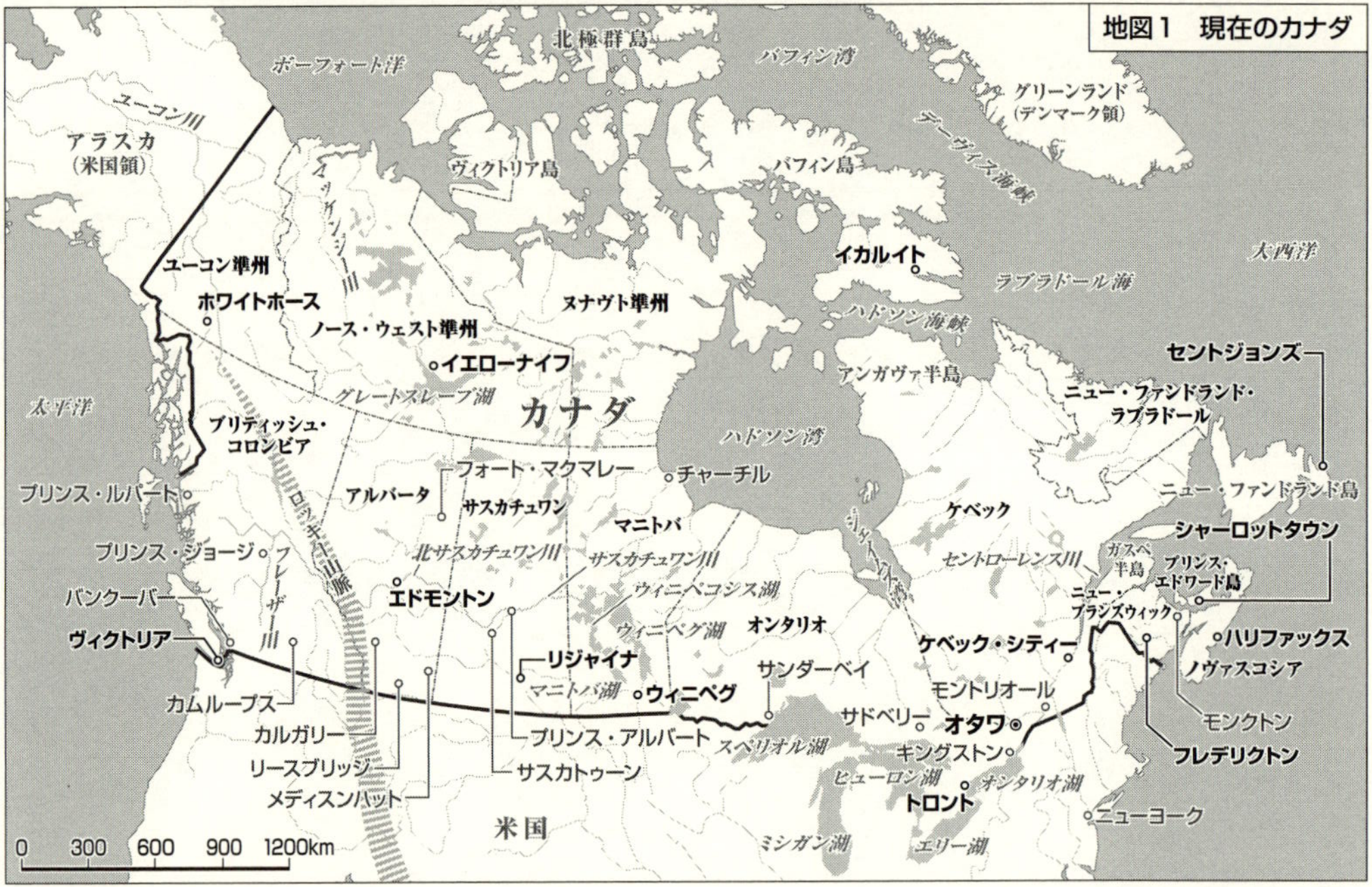
北極群島
ボーフォート洋
バフィン湾
グリーンランド
（デンマーク領）
ユーコン川
アラスカ
（米国領）
デーヴィス海峡
ヴィクトリア島
バフィン島
マッケンジー川
イカルイト
大西洋
ユーコン準州
ラブラドール海
ホワイトホース
ヌナヴト準州
ハドソン海峡
ノース・ウェスト準州
イエローナイフ
アンガヴァ半島
セントジョンズ
グレートスレーブ湖
カナダ
ニュー・ファンドランド・
ラブラドール
太平洋
ブリティッシュ・
コロンビア
ハドソン湾
フォート・マクマレー
チャーチル
ニュー・ファンドランド島
プリンス・ルパート
アルバータ
サスカチュワン
ロッキー山脈
ケベック
マニトバ
シャーロットタウン
プリンス・ジョージ
北サスカチュワン川
サスカチュワン川
セントローレンス川
ガスペ
半島
プリンス・
エドワード島
フレーザー川
ウィニペゴシス湖
エドモントン
ジェームズ湾
バンクーバー
ニュー・
ブランズウィック
ウィニペグ湖
オンタリオ
ヴィクトリア
ケベック・シティー
ハリファックス
リジャイナ
サンダーベイ
ノヴァスコシア
マニトバ湖
ウィニペグ
モントリオール
カムループス
サドベリー
オタワ
モンクトン
カルガリー
プリンス・アルバート
スペリオル湖
キングストン
フレデリクトン
リースブリッジ
サスカトゥーン
ヒューロン湖
オンタリオ湖
メディスンハット
トロント
米国
ニューヨーク
0
300
600
900
1200km
ミシガン湖
エリー湖
地図1　現在のカナダ

〈注〉
通貨単位はカナダドルを加ドル、
アメリカドルをドルと表記した。

序章　カナダ一五〇年余の歩み

カナダは若い国だ。

先住民の楽園だった北米大陸が一六世紀以降、フランスそして英国の植民地となる中で、その原型が育まれた。

英国の植民地から自治領（ドミニオン）へと昇格したのは、一八六七年七月一日。明治維新の一年前。この日が、カナダにとって最も重要な「建国記念日」で、国民の祝日（Canada Day）になっている。各地で祝祭の盛大な花火が上がり、カナダ人が誇りを感じる日だ。

ただし、この段階では外交権はロンドンにあった。名実ともに主権国家となるのは、一九三一年一二月一一日。英国議会が可決したウェストミンスター憲章による。

そして、この後も、国づくりは続く。楓の葉をモチーフにした現在のカナダ国旗が正式に採用されたのは六五年二月。英語とフランス語が公用語に定められたのが六九年。「オー・カナダ」が正式に国歌と定められたのは八〇年六月のことだ。そして、「権利と自由の章典」と憲法改正手続きを含む憲法が完結するのは、実に、八二年四月一七日だ。

現在のカナダの姿

まず、二〇二四年七月現在のカナダの基本情報を点描してみよう。

- 正式な国名は、カナダ。
- 首都は、オタワ。
- 国土面積は、九九八万平方キロメートル。ロシアに次いで世界第二位。日本の二七倍。
- 人口は、四一〇一万人（二〇二四年四月、カナダ統計局の発表）。世界第三八位。ちなみに、一八六七年「建国」時は三五〇万人。多様な移民を受け入れている移民立国だ。現在、国民の四人に一人が外国生まれ。また、人口の約八割が都市部に居住している。
- 公用語は、英語とフランス語。
- 君主制の民主主義国家であり、一〇の州と三つの準州による連邦制だ。一〇州を東海岸側から概括すると、大西洋岸四州（ニュー・ブランズウィック、ノヴァスコシア、プリンス・エドワード島、ニュー・ファンドランド・ラブラドール）、ケベック州、オンタリオ州、平原三州（マニトバ、サスカチュワン、アルバータ）、そして太平洋岸のブリティッシュ・コロンビア（BC）州。三準州は、いずれも北緯六〇度以北にあり、東からヌナヴト、ノース・ウェスト、ユーコンと位置している（地図1参照）。

・国家元首は、イギリス国王チャールズ三世。その上で、元首の名代として、総督（Governor General）が置かれている。現在の総督は、メアリー・サイモン。初の先住民出身である。
・政治体制は、議院内閣制。議会は三三八議席の下院（House of Commons）と一〇五議席の上院（Senate）の二院制だ。ただし、上院は選挙ではなく、首相の助言により総督が任命する。
・内閣は、二〇一五年一一月から、自由党のジャスティン・トルドー第二九代首相が率いている（巻末の歴代内閣の一覧を参照）。首相は下院が下院議員から選出する。
・カナダ軍総兵力は六万二三〇〇人。内訳は、陸軍二万二五〇〇人、海軍八四〇〇人、空軍一万二一〇〇人、ほか一万九三〇〇人。加えて、三万一六〇〇人の予備役がいる。基本は、カナダ自身の防衛であるが、NATOや国連を通じた活動にも軍を投入している。
・国内総生産（GDP）は、二兆一四〇〇億ドル、世界第九位（二〇二三年）。
・主要産業は、自動車、航空機等の製造業、IT・量子・ライフサイエンス等の先端技術産業、金融・保険等のサービス産業。天然資源も豊富だ。ウラン生産量は、カザフスタンに次いで世界第二位。原油の生産量は、世界第四位。天然ガス（同六位）、銅（同一一位）、亜鉛（同九位）も有力。さらに、リチウム、黒鉛、ニッケル、コバルト等の重要鉱物資源も埋蔵。

・高等教育は、二〇二四年版の世界大学ランキングのトップ五〇には、トロント大学（二一位）、ブリティッシュ・コロンビア大学（四一位）、マギル大学（四九位）の三校がランクインしている。ちなみに、日本は東京大学（二九位）だけだ。

「建国」から一五〇年余、主権国家として独立して一〇〇年に満たないカナダが、民主主義による先進工業国としてこれだけの発展を遂げたのは驚嘆に値する。しかも、先進主要国がさまざまな課題に直面する中、カナダは将来に向けても大きな潜在力を示す。

それは、運や偶然の産物ではない。確たる理由があるはずだ。それを探るのが本書の目的でもある。

始まりの始まり

カナダは若い国だが、その広大な大地は地球の歴史そのものだ。

地球誕生が約四六億年前。生命の誕生は四〇億年前頃とされる。悠久の流れの中で、約二億五〇〇〇万年前に恐竜《ダイナソール》が登場する。『ジュラシック・パーク』のごとき楽園だった当時のカナダを世界自然遺産の恐竜州立公園（アルバータ州）が再現している。

そして生命はさらなる進化を遂げ、七〇〇〇万年程前に、猿から進化した猿人が出現。原人、旧人へ進化し、二〇〜三〇万年程前のアフリカで、現生人類ホモ・サピエンスの直系祖先が登場する。やがて、アフリカの外に移動を開始した彼らの一派は、アジアへ到達する。モンゴロイドの起源だ。

そして、約二万年前の最終氷期後期、モンゴロイドはベーリング海峡を渡り、東シベリアから北米大陸への移動を始める。一万四〇〇〇年前、モンゴロイドは、北米大陸北東部に達し、アラスカからカナダ北西部一帯に定住する。

最新の考古学的検証によれば、一万二〇〇〇年前になると、独特の石器文化が出現。五〇〇〇年前には、バッファロー（野牛）、カリブー（野生トナカイ）、シカを捕獲し、植物を採取する生活が始まる。

彼らこそが原初のカナダ人だ。未だ石器時代で、近代国家という概念もなく、カナダという名称もない。だが、カナダの歴史はここから始まる。

先住民とヨーロッパの出会い

首都オタワを流れるオタワ川の対岸は、ケベック州ガティノー市だ。そこには、国立「歴史博物館」が連邦議会議事堂と川を挟んで屹立している。敷地面積九万六〇〇〇平方メートルを誇る、国内最大の博物館だ。特徴的なのは、外観が先住民の顔をモチーフにしている点である。カナダの歴史とアイデンティティにおける先住民の重みを象徴する。

正面玄関から入ると、最初にグランド・ホール、その次に「ファースト・ピープルズ・ホール」があり、膨大な遺品、資料、芸術作品、模型などが展示されている。

カナダという国の成り立ちの最初は先住民である。地球史的な時間軸で、最初のモンゴロイドの北米到来から一万四〇〇〇年に及ぶ先住民の悠久の時代が続く。広大な大地に多様な文化と社会が形成されていたのだ。

そんな先住民社会に衝撃を与えたのが、一五世紀の「地理上の発見」と「大航海時代」だ。世界は急速に変化し、歴史が動き始める。

「先住民時代のカナダを訪れた最初のヨーロッパ人は誰だ？」

興味深い質問である。

古くは、六世紀にアイルランドの聖ブレンダヌスが来訪したという説がある。また、北欧伝説「サガ」によれば、レイフ・エリクソンが一一世紀、北米大陸に葡萄の実る「ヴィンランド」を発見し入植したという。この伝説は、幸村誠が漫画『ヴィンランド・サガ』で描き、アニメも大人気である。しかし、ヴァイキングは、北米大陸や北極海で活動した形跡はあるものの、植民地は確認されていない。

記録に残るヨーロッパとカナダの最初の出会いは一四九七年だ（コロンブスの西インド諸島発見の五年後）。ジョバンニ・カボートというジェノバ生まれの探検家が、英国王ヘンリー七世の特許状を持って、ニュー・ファンドランド島を「発見」し、英国王の名の下に領有を宣言したのだ。本来は、インドの胡椒を求めての西廻り航路探索が目的だったのだが。

カボートは、翌九八年にも新航路の発見をめざすが叶わなかった。しかし、ニュー・ファンドランド島沖の豊かな漁場を発見する。後に「グランドバンクス」と呼ばれる世界有数の漁場だ。

この漁場には、ポルトガル、スペイン、フランス、イングランド、アイルランドから多数の漁民が来ることになる。当時のヨーロッパは黒死病の惨禍で食料事情は厳しく、ここで獲れる鱈《たら》は「海のビーフ」とも呼ばれる重要なタンパク源であった。各国の関心が高まり、一六世紀になると、ポルトガルは本格的な漁業活動を通じて、現在のノヴァスコシア州に植民を試みるが、先住民の抵抗で失敗した。

英仏の衝突時代から自治領カナダの誕生まで

一四九二年のコロンブスの北米大陸発見以降、歴史が大きく動く。

一七世紀になると、英仏の北米大陸への入植が進む。絶対君主の時代、国力が充実する英仏の間では、必然的に覇権争いも激化していく。一八世紀、両国の衝突は、第二次百年戦争の様相を呈する。欧州の七年戦争、北米でのフレンチ・インディアン戦争において、英国が勝利。一七六三年のパリ条約で、北米は英国領となった（**地図2**参照）。だが、英領北アメリカの一三州は、「代表なくして課税なし」を掲げ、英国からの独立をめざし、一七七六年に独立宣言を発布。七年に及ぶ独立戦争を経て、一七八三年のパリ条約で、アメリカ合衆国が

地図2　1763年パリ条約当時の北アメリカ

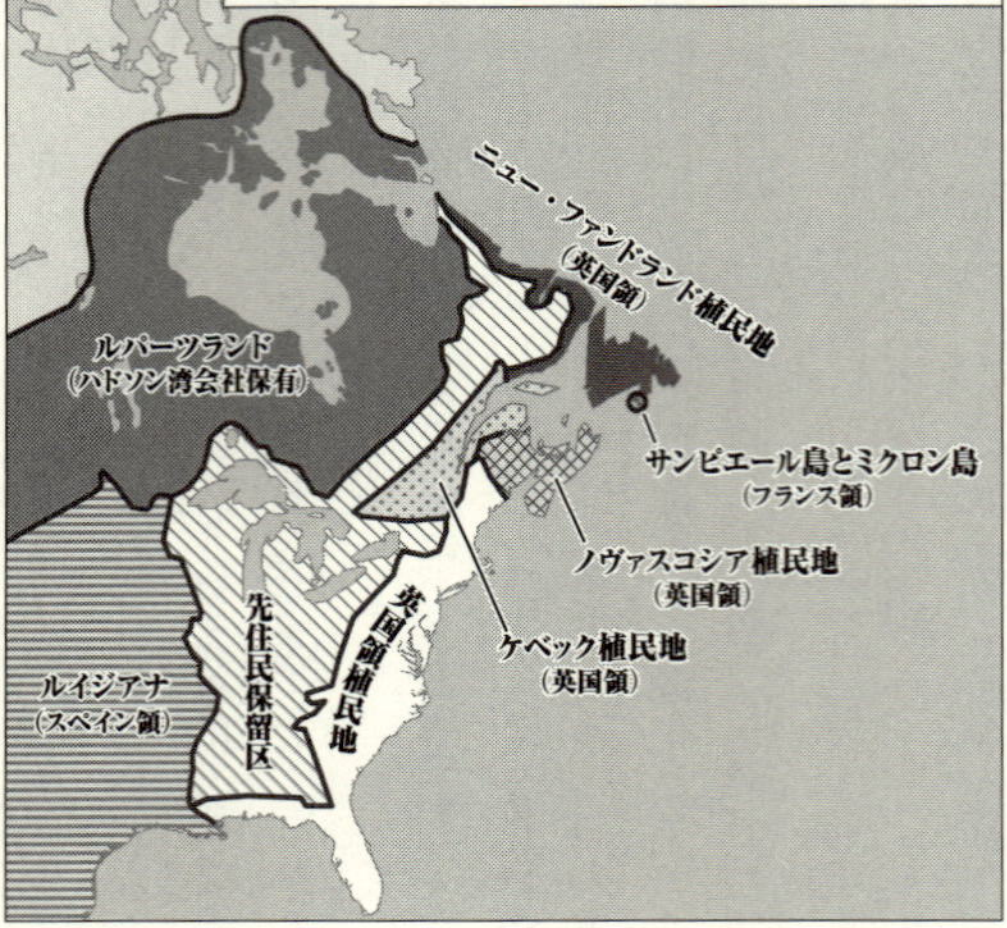

正式に成立した。

米国が独立した後の英領北アメリカこそ、現在のカナダへと発展していく。しかし、「日の沈むことなき大英帝国」から独立を勝ち得た米国は、自信にみなぎり、発展著しい。カナダへの領土的野心も隠さない。一三州以外の英領北アメリカ（要するにカナダ）は、本来的に米国に帰属すべきだとの考えが主流となるのだ。

日本の歴史教科書では「米英戦争」と言及されている戦争は、カナダでは「一八一二年戦争」と呼ばれる。実質は米国と英領北アメリカであるカナダの戦争だ。ここで、カナダ側は、何とか領土を守りきるが、南からの侵略への備えが安全保障の核心であった。現在、首都オタワの観光名所となっているリドー運河は、軍事的な必要性から建設されたものである。また、この戦争が米国でも英国でもないカナダ人のアイデンティティの原点との指摘もある。

そして、一八六一年、米国で南北戦争が勃発。英領植民地に大きな衝撃を与える。英本国が南部に好意的な中立宣言を発したことで、北部では反英感情が先鋭化。リンカーン政権の国務長官シュワードは、カナダ併合の論陣を張る。一方、英郵便船トレント号が北部海軍の軍艦に臨検され、英国は激昂し、対米最後通牒を発出。米英は一触即発の状況にまで至る。

カナダにとっては対米防衛が焦眉の急である。外部からの危機・脅威が大きければ大きい程、内部の意見の違いは相対化される。南北戦争はカナダ人としての国民意識を喚起した。広大な大地に分散した個々の植民地を統合する連邦結成への気運が生まれる。

イニシアチブは、大西洋岸の四植民地が取った。個々の植民地は人口、経済規模も小さいがゆえに、連邦結成によって、鉄道建設や域内の貿易拡大の利益を得られると考えたのだ。

一八六四年九月、プリンス・エドワード島のシャーロットタウンで、連邦結成に向けた最初の会合が開催され、各植民地の違いを超えて議論が収斂し始める。「連邦結成のゆりかご」とも言われるゆえんだ。

翌一〇月には、ケベック・シティーに舞台を移し、連邦や政府の形について具体的規定を設けた「ケベック決議」が採択された。しかし、「決議」が付託された各植民地の議会で議論は紛糾する。総論賛成・各論反対はどこも同じだ。連邦推進派の硬軟織り交ぜた説得が功を奏し、連合カナダ、ノヴァスコシア、ニュー・ブランズウィックは決議を承認。連邦結成を規定したケベック決議は英国議会に送付された。

一八六七年三月、「英領北アメリカ法」がヴィクトリア女王の勅許を得て成立する。植民地は、大英帝国初の自治領に昇格する。そして、七月一日、オンタリオ州、ケベック州、ニュー・ブランズウィック州、ノヴァスコシア州から成る自治領カナダ（Dominion of Canada）が発足する。冒頭で触れた通り、これが記念すべき、カナダの「建国」だ。

自治領カナダの発展

大英帝国初の自治領となったカナダではあったが、実質的には四州のみ、人口三五〇万人の未完の連邦だった。

初代首相ジョン・A・マクドナルドは三つの政策に尽力する。第一に、移民政策。人口は国力の源泉だ。移民受け入れで人口は着実に増加した。第二に、産業政策。鉄道を軸に、農業と工業の勃興をめざした。そして、第三に、連邦拡大政策だ。未加入の植民地に強力に働きかけ、自治領は拡大する。北西部に広がるハドソン湾会社保有のルパーツランドも自治領カナダ政府が買い取り、ノース・ウェスト準州として連邦に編入した。一八七三年には、大西洋岸のノヴァスコシア州から、太平洋岸のBC州まで、大陸をまたぐ版図が達成された。現在のカナダとほぼ同じ国土だ（**地図3**参照）。

自治領カナダは、徐々に国としての内実を備えていく。保護関税が導入され、農業、綿・羊毛工業、鉄加工業が発展する。大西洋岸と太平洋岸を結ぶカナダ太平洋鉄道の完成で西部

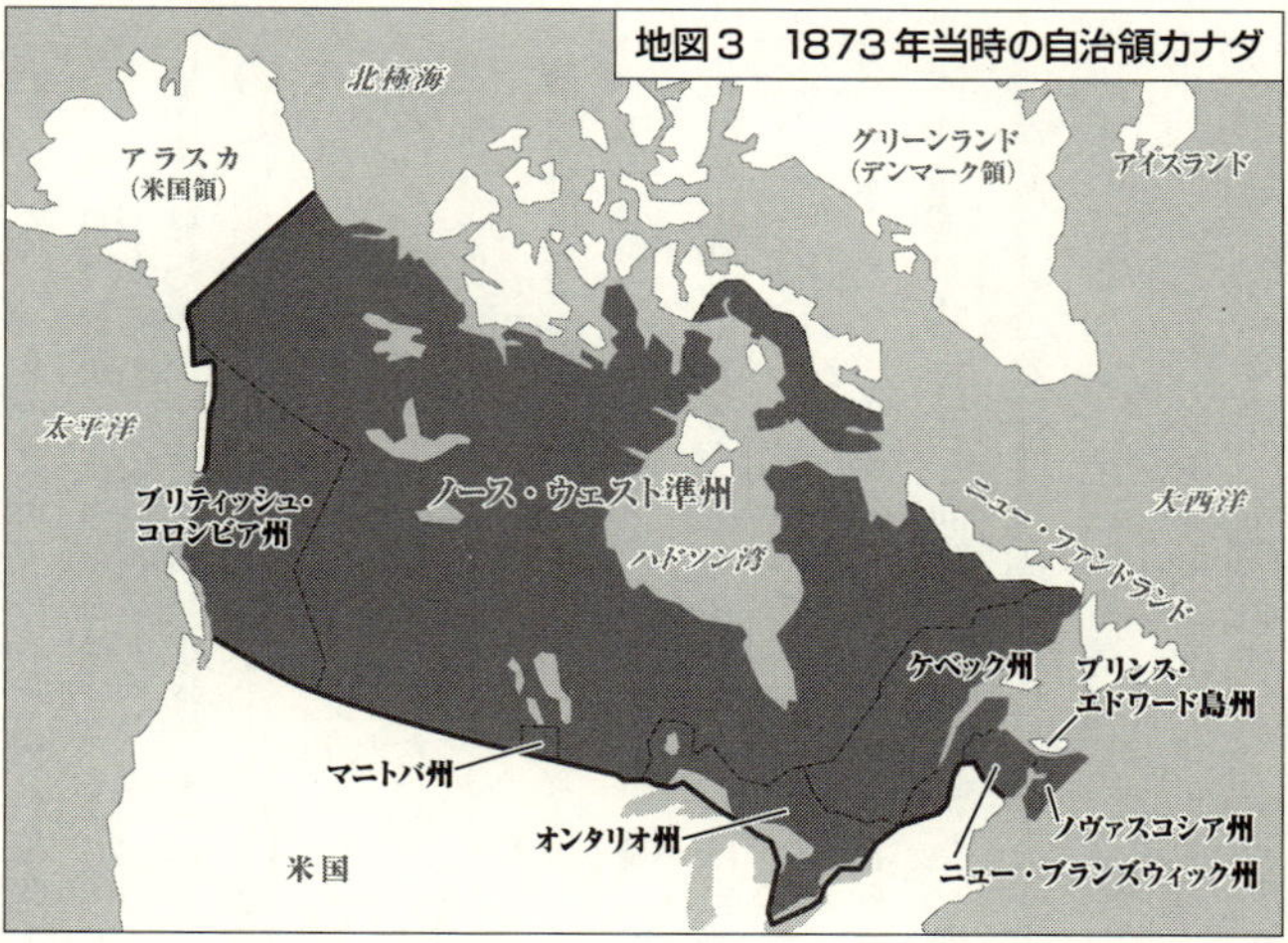

地図3　1873年当時の自治領カナダ

開発が進み、移民も増大。一九世紀末には、人口は五〇〇万人を超えた。

しかし、世界は帝国主義の時代に突入する。外交権を持たぬ自治領カナダは、自らの非力さを思い知る。

一八九九年、南アフリカ戦争が勃発すると、英本国の植民地大臣チェンバレンは自治領カナダの参戦を勝手に決める。英国系カナダ人は、英国との紐帯を重んじ理解を示すが、フランス系カナダ人は猛反発する。国論が二分され、時の首相ウィルフリッド・ローリエは苦悩するが、派兵以外の選択肢はなかった。

さらに、一九〇三年のアラスカとの国境問題だ。カナダのユーコン地方でゴールド・ラッシュが起こると、米国は、アラスカとカナダの境界確定を蒸し返す。厳しい交渉が続くが、最終的な決定は、米加英の合同委員会に委ねられた。カナダには交渉する最終権限がなく、構成は、米三人、加二人、英一人だった。結局、米国の主張に沿って四対二で確定した。

屈服させられたカナダは、以後、英国から自立した主権国家をめざす。一九〇九年、自治領カナダ政府は、英本国の反論を封じ独自の外務局を設置。翌一〇年には、大英帝国海軍から独立したカナダ海軍を発足させる。

そして、カナダにとって、特別な意義を持つ第一次世界大戦が勃発する。

第一次世界大戦の犠牲の上に

一九一四年六月のサラエボ事件を契機に、戦争の渦は瞬く間に拡大。英国がドイツに宣戦布告した瞬間に、外交権のないカナダは自動的に参戦となった。人口八〇〇万人のカナダは、六三万人を派兵。天王山のヴィミー・リッジでは果敢に戦い連合国の勝利に貢献し、カナダの名声を高めた。四年余の戦争で戦死者六万一〇〇〇人、負傷者一七万二〇〇〇人に及んだ。遺体は帰国が叶わず、前線で埋葬された。犠牲はあまりにも大きかった。

しかし、大きな犠牲は国際場裡でのカナダの存在感を高め、ヴェルサイユ講和会議にはカナダとして参加し、条約にも署名した。実質的には主権国家と位置づけられよう。自治領から名実ともに主権国家へと昇格する時が来たのだ。

そして、二六年の英帝国議会で、元英首相アーサー・バルフォアを委員長とする帝国関係委員会が組織され、カナダなど自治領の地位をいかに定義するかが議論され、結果は「バルフォア報告書」として公表された。核心は次の通りだ。

「イギリスと諸ドミニオンは、地位において平等であり、国内あるいは対外問題のあらゆる点において互いに従属せず、王冠への共通の忠誠で結ばれ、ブリティッシュ・コモンウェルスの構成国として自由意思によって協調していくイギリス帝国内の自治共同体である」

三一年一二月、この原則を法制化したウェストミンスター憲章により、自治領カナダは、ついに名実ともに主権国家カナダとなった。

以来、大恐慌、第二次世界大戦、東西冷戦、中東紛争、ポスト冷戦等の激動の国際情勢を生き抜き、G7のメンバーとして、国際社会を牽引する立場にいる。そして二一世紀の厳しい国際情勢の中で独特の存在感を示している。

カナダは米国の五一番目の州か？

一方、「アメリカの五一番目の州じゃないか」と揶揄する声も聞く。それは、カナダのアイデンティティに関わる本質的な問題だ。

仕事や社交で会うカナダ人から頻繁に受ける質問がある。

「アメリカとカナダの違いをどう感じていますか？」というものだ。私の直前の勤務地がニューヨークで、それ以前もワシントンDCで二度勤務し、留学も含めて合計一一年間を米国で生活していた経歴を知った上で尋ねてくるのだ。

とりあえず、「苛烈な競争に晒されている前任地のニューヨークと比べて、カナダの人は本当に大らかでフレンドリーだと実感します」と答えている。

しかし、なぜ彼らはこの問いに関心を寄せるのだろうか？

日本に来た外国人に対し「中国、韓国と日本の違いをどう感じますか？」と尋ねることはない。日本人にとっては自明だからだ。しかし、カナダ人は、アメリカとは違う自国のアイデンティティを外国人に認めてもらいたい衝動を抑えきれないのかもしれない。

この関連でよく耳にするジョークのような解説がある。

問「カナダ人とは何か？」
答「カナダ人は、アメリカ人ではない、イギリス人でもない、ましてフランス人ではない」

というものだ。上質のジョークは時に物事の本質を柔らかく抉り出す。

カナダには、南の超大国アメリカを意識せざるを得ない現実がある。八〇〇〇キロ余に及ぶ国境を接し、同じ英語を話し、移民国家で、映画・テレビ・音楽等の娯楽、ファストフード・レストラン等の食生活、自動車、デパート、ホテル等々の生活の隅々にアメリカがある。

本稿執筆中にもTVニュースでは、銃乱射事件、妊娠中絶をめぐる最高裁判決、議会のトランプ関連公聴会、熱波と山火事等の米国のトピックが目立つ。経済面でも国家防衛の面でも米国へ依存している。

歴史的には、米国とカナダはともに英国の北米植民地から出発し、絡み合った複雑な経緯がある。米国は、独立戦争の当初からカナダを含めた独立をめざした。その後も米英戦争、南北戦争等のたびに、カナダ併合論が盛り上がった。英国の国力が減衰し、隣国アメリカが強力に勃興する。そんな中で、カナダは、懸命に自らのアイデンティティを築いてきた。

一見すると、カナダは米国の五一番目の州に見えるかもしれない。しかし、米国とは決定的に違う三つの個性がある。

フランス語――米国との違い①

カナダに入国してすぐに気付くのは、空港であれ商店であれ博物館、学校などどこであれすべての表示が英語とフランス語で併記されていることだ。特に、陸路で米国からカナダに入国すると、一気に世界が変わる。

英仏併記の法的根拠は一九六九年の「カナダ公用語法」だが、実質的には、カナダという国の成り立ちに深く関わっている。

英国が北米からフランスを駆逐した経緯は先述したが、実態は、フランス語を話すカトリック教徒が多数残ったため、安定的な植民地経営の観点からフランス語とカトリックが認められた。以来、この伝統は脈々と受け継がれ、特にフランス人入植者の多かったケベック州では独自のアイデンティティが形成されてきた。それは分裂独立運動の素地となっていく。同州では六〇年代に保守的な価値観と社会・経済的な後進性を批判する「静かな革命」が進行する。さらには、急進派FLQ（ケベック解放戦線）は、七〇年「一〇月危機」と呼ばれるテロ事件を引き起こし、英国の外交官ジェイムズ・クロスと州政府労働大臣ピエール・ラポルトを誘拐した。連邦政府は、戦時措置法を適用し、軍隊まで派遣した。国家を分裂させかねないケベック州分離独立運動を乗り越えるために、カナダという国家は血の滲む努力を行っている。

八〇年の州民投票では、分離独立反対が六〇%を占め、一旦はFLQの活動は沈静化した。八二年には、憲法にも英語とフランス語が公用語であることが明記されている。その後、九五年の州民投票では賛成票が四九・四%、反対票五〇・六%、有権者約五〇〇万人、わずか五万票の差で国家分裂は回避された。

このような背景を見れば、フランス語は、多様性と多文化主義の象徴であると同時に、現在に至るカナダの歴史と現実を反映していることが分かる。首相を筆頭に指導者は、英語とフランス語の両方を話すことが求められる。議会でも同時通訳が常に行われている。英仏バイリンガルの議員も多いが、片方だけの議員もいるからだ。演説や記者会見では、同じ内容を英語とフランス語で話すので、時間が二倍かかるが、国民はそれを良しとして受け入れている。カナダならではの個性だ。

先住民——米国との違い②

首都オタワはもとより、カナダ各地で日々行われるさまざまなイベントで、司会者、主賓などが聴衆に向かって必ず発言するフレーズがある。「何者にも支配されることなく代々の先住民が守ってきたこの場所にわれわれが今こうして集っていることに感謝します」というものだ。先住民に対する敬意と感謝を伝える表現だ。現在の所有者が誰であれ、カナダという国は先住民が住んでいた大地から始まったという歴史に対する認識である。そして、このフレーズには、北米大陸にヨーロッパ人が来てからの先住民に対する搾取や差別的待遇、強制的な同化政策に対する反省も含まれている。

先住民は、苦難の歴史を歩み、現在においてもアルコール・薬物依存、高い自殺率に悩み、十分な高等教育と就業の機会に恵まれていないという厳しい現実に直面している。先住民問題には、複雑な歴史的経緯や法的論点があるが、カナダは真正面から向き合っている。

八二年憲法の第二章は「カナダの先住民の権利」を規定し、先住民について明確な定義を持って、彼らの権利を保障することが明記されている。

九五年には、先住民自治を認める政策を打ち出している。

九九年、極北東部のイヌイットらによる土地権益請求協定を踏まえ、新しくヌナヴト準州を発足させた。

二〇〇八年、カナダ真実和解委員会が設立された。この委員会は、七年間にわたる詳細な調査を実施し、一五年、先住民とカナダ人との間の和解に関する九六項目の提言を発表。トルドー政権はすべてを実行すると公約している。

二一年、史上初めて、カナダ総督に先住民のメアリー・サイモンが就任。

二三年、これも史上初めて、先住民の州首相が選出された。マニトバ州のキニュー州首相だ。

先住民問題は根が深く、一朝一夕の解決は難しい。それでも、いや、だからこそ、政府も国民も、過去の過ちを直視し、解決へ向けて真摯に努力を重ねている。カナダという国家の赤裸々な姿だ。

モザイクの移民立国の多文化主義――米国との違い③

二〇一七年一月に米国でトランプ政権が発足した時のことだ。米政府は、難民の受け入れを拒否し、イスラム教徒が多数を占める中東・アフリカの国民の入国を一時禁止する大統領令を発布した。これに対し、ジャスティン・トルドー首相は、「迫害、恐怖、戦争を逃れようとしている人たちへ。信仰にかかわらず、カナダはあなたたちを歓迎する。多様性は私たちの力だ」と発信した。

米国の極端な内向き姿勢に対し、カナダの移民（一一三ページ、**図表3参照**）への寛容な姿勢が非常に印象的だった。進歩的な政策志向のトルドー首相のトランプ大統領に対する政治的アピールに見えなくもないが、それは、政治的思惑を超えたカナダ国民の移民に対する認識を示すものだ。隣国どうし歴史的にも政治的にも非常に緊密な両国で、難民・移民への姿勢にこれだけ大きな差異があることは、カナダの本質の一端を示していると言えるだろう。

米国は「人種の坩堝《るつぼ》（melting pot）」と言われる。坩堝は、さまざまな人種は溶けて無くなり新たに一つのアメリカ人になる、という理想を意味した。しかし、現実は理想とは遠くかけ離れている。

これに対し、カナダは、移民を「モザイク」だと認識している。モザイクは、それぞれの人種・文化をありのまま受け入れ、全体の不可分の一体として尊重するという意味だ。人種・文化を溶かして別ものになる必要はなく、あるがままで良い、という多文化主義の根幹だ。多様な移民がカナダのアイデンティティを形成するという壮大な試みが、現在進行形で行われている。

第一章　資源大国の実力——食料からエネルギー、鉱物まで

やや旧聞に属するが、豊かで平和な日常に起こったちょっとしたエピソードを紹介したい。ウクライナ危機の直前、二〇二一年一二月二三日、日本のマクドナルド店舗に長い行列ができた。憶えている読者もいると思うが、この日から二二年二月にかけて、マクドナルド店舗からフライドポテトが消えかけた。英国BBCなど、国際メディアでも話題になった。

主な理由は、新型コロナ感染爆発による世界的なサプライ・チェーンの混乱の余波に加え、カナダで発生した洪水の影響だ。西海岸バンクーバー港発の船便が大幅に遅延したのだ。

この事態に対し、日本マクドナルドは、急遽、LサイズとMサイズの販売を停止。Sサイズのみの販売で、供給を途絶えさせぬ措置を取った。「お客様に、マクドナルドのフライドポテトを味わい続けてもらうための積極的措置です」と説明した。同時に、Sサイズの販売を確実に維持するためにフライドポテトを空輸して対応した。空輸は海上輸送に比べ、コストが相当高くなるのにもかかわらずだ。

あって当たり前の商品、フライドポテトに注目が集まることは稀だ。失って初めてありがたみが分かるという人間の性分を示したとも言える。

あまり知られていないが、実は、フライドポテト生産で世界最大の会社は、カナダの「マッケイン・フーズ」という食品企業だ。世界の四分の一のシェアを誇る。カナダの実力の一端が、日本の日常の中に垣間見えた例だ。とにかく、フライドポテト騒動は、お客様第一を貫く関係者の努力で、二月中旬には収束した。

その直後、二二年二月二四日、ロシアがウクライナ侵略を開始する。主権と領土の一体性を侵害し、明白に国際法に違反する行為だ。第二次世界大戦後の国際社会が営々として築いてきた「法の支配」に対する重大な挑戦だ。国際情勢は激変した。世界の食料・エネルギー・鉱物情勢への影響も甚大だ。「はじめに」で述べた、塩化カリの例は氷山の一角に過ぎない。

ウクライナ危機がもたらした厳しい現実は、フライドポテトのみならず、資源大国カナダの存在感を今まで以上に印象づける。自由と人権と「法の支配」を重んじる先進民主主義国家カナダは、地政学リスクが圧倒的に小さい。食料自給率二三〇%、エネルギー自給率一八〇%という数字は、潜在的な輸出余力の大きさを如実に示す。

以下、「三つのF」について、Food（食料）、Fuel（燃料＝エネルギー）、Fertilizer（肥料＝鉱物）の順でカナダの実力を見ていこう。

1　自給率二三〇％を誇る世界の食料庫

食料危機を救え

ウクライナ危機は、世界の食料危機に直結する。

そもそも、ウクライナ危機が起こる前から、国際的な食料事情は年々厳しさを増していたのだ。そこには三つの要因があった。

まず、世界の人口増大だ。過去一〇〇年で四倍になり、今や世界には八〇億以上の人々が暮らしている。その巨大な胃袋を満たすため食料生産の拡大が大きな課題だ。しかし、食料増産は簡単ではない。

さらに、地球温暖化の影響が大きい。世界中が異常気象に見舞われている。穀倉地帯も例外ではない。食料生産が不安定化しているのだ。

そして世界中のサプライ・チェーンの脆弱性の問題だ。特に、新型コロナ感染爆発で、白日の下に晒された。

そこに、ウクライナ危機が生じたのだ。食料価格の高騰は、途上国のみならず世界各国を直撃。農林水産省の試算によれば、世界の食料需要量は、二〇五〇年の段階で、二〇一〇年比で一・七倍になる。すでに、グローバルな食料争奪戦が始まっていると言っても過言ではない。

先述したように、カナダは食料自給率二三〇%を誇る。主要国で食料自給率が一〇〇%を超えている国は、カナダを筆頭に豪、米、仏のみだ。農業はカナダの国際貿易にとってきわめて重要な地位を占めている。それゆえに、カナダ食品検査庁を中核とする、厳しい品質基準を満たすことを保証する強固な規制システムがあり、農産品・食品の安全性を維持している。

日本の食料自給率は、カロリーベースで三八%に過ぎない。食料の安定確保は、国家安全保障の重要な一部である。国内農業を抜本的に強化しつつ、的確な食料輸入戦略が至上命題だ。カナダは、日本人の食生活にとって不可欠だ。特に大切な四つの品目を見てみよう。

フライドポテト――マクドナルド社最大のサプライヤー

そもそも、フライドポテトが店頭から消えかけた時、「なぜ、国産のジャガイモでできないのですか?」と声があがった。素朴な質問だ。そこにこそ本質がある。あの形と味は北米産ラセットバーバンク種でしか実現できないという。しかも、品質管理と検疫手続きの観点から、冷凍加工品として輸入している。そして、日本マクドナルドが販売している「マックフライポテト」の大部分はマッケイン・フーズ社製だ。

そこで、マッケイン・フーズ社について。「マッケイン」と言えば、米国人ならマッケイン上院議員を思い浮かべるだろう。ベトナム戦争のヒーローであり、共和党の大統領候補にもなった人物だ。一方、カナダでは、マッケイン・フーズ社を真っ先に連想する。カナダ人の誇りであり、国を代表する企業である。

創業は一九五七年。地元のジャガイモ農家の二人の兄弟が三〇人規模で創業した小さな工場だった。それが、今や、世界の六つの大陸に四九の自社工場（カナダ七、米国九、南米四、アフリカ二、英国五、EU一五、インド一、中国一、オーストラリア・ニュージーランド五）を構え、約二万人が従事し、一六〇以上の国や地域に提供する世界最大のフライドポテト製造企業だ。世界に流通しているフライドポテトの二五％が同社製。マクドナルド社にとっての最大サプライヤーでもある。日本にも支社を設立しており、消費者向けの商品も展開している。

本社が所在するニュー・ブランズウィック州フローレンスビル市は、米国メイン州との国境の街。東海岸で最長のセント・ジョン川が流れる美しい田園風景が広がる。小高い丘陵地帯に東京ドーム二つ分の広大な敷地を構え、本社工場が併設されている。

工場は、完全にオートメーション化されていて、二交代制で二四時間稼働。ジャガイモの搬入から、洗浄、皮剝き、カット、味付け、フライ、梱包、冷凍等々一九のプロセスが人工知能（AI）で厳密に管理されている。

マッケイン・フーズ社は、日本の平和な日常を支えるカナダ企業のほんの一例だ。厳しい地政学的な現実に直面する今、あらためてカナダ企業の価値が再認識されている。

小麦——世界有数の生産国

小麦は、多くの国にとって基礎的な穀物だが、自給できる国は数える程だ。実は、日本の場合、国内で消費される約九割は、輸入品だ。主な輸入先は、米国（五〇％）、カナダ（三三％）、オーストラリア（一六％）の三ヶ国である。いずれの国も日本とは、基本的価値を共有し非常に良好な二国間関係を持つ。小麦の輸入は、「主要食糧の需給及び価格の安定に関する法律」に基づく国家貿易で、国が米加豪から買い付けて、国内の流通業者に販売する仕組みだ。きわめて安定的に小麦を調達していると言える。

しかし、輸入価格は、国際市場で決まる。国際情勢、地政学的な影響を受ける。さらには異常気象・天候の影響により、収穫量が変動すれば、当然に価格に直接反映する。よって、ウクライナ危機以降、小麦価格は日本国内でも高騰している。麺類・パン類を中心にした外食でもスーパー等での買い物でも、小麦に関連した物品の値上がりは顕著で、日々のニュースでも取り上げられている。

とは言え、日本の状況は、他の多くの小麦輸入国と比べれば、ウクライナ危機の影響は一定の範囲にうまく制御されていると言える。なぜならば、日本はウクライナからもロシアからも小麦を輸入しておらず、影響は間接的なものだからだ。ウクライナやロシアからの小麦に依存している国々は大変だ。

米農務省の穀物等需給報告によれば、ウクライナは、小麦生産で世界九位、輸出は世界第五位だ。しかも安価。主な輸出先は、中近東、アフリカ、南アジアだ。ロシアのウクライナ侵略で黒海の小麦積出港が封鎖され、世界のマーケットからウクライナ産が締め出された結果、小麦輸出がほぼ半減、穀物価格が二倍になり、これらの国は死活問題に晒された。小麦あるいは小麦代替穀物の調達が急務だ。人道的な観点からも国際社会の喫緊の課題である。

二〇二二年七月には、国連とトルコが仲介する形で、黒海からウクライナ産小麦の出荷を可能とする枠組みが実現した。ウクライナにとっても小麦輸入国にとっても朗報であった。しかし、この枠組みには、当然のことながらロシアの思惑が絡む。ウクライナの戦場の動向とも無縁ではない。ウクライナ軍が反転攻勢に出た頃、二三年七月、ロシアは黒海穀物輸出枠組みの停止を一方的に宣言する。小麦をも侵略の道具とするロシア。お金があっても小麦が買えなくなってしまった。それが、国際社会の現実だ。

そこで、カナダ政府は、ウクライナの小麦に大きく依存しているエチオピア、イエメン、スーダンなどに対し、国連世界食糧計画（WFP）を通じ、数百万トンの小麦を支援している。米国はじめ各国も、ロシアの動きを批判すると同時に、食料援助を強化してはいる。それでも、地政学リスクは深刻化している。

黒海からのウクライナ産小麦の輸出が動き出した頃のことだ。筆者は二二年八月、カナダ中西部の一大穀倉地帯、サスカチュワン州の小麦集荷施設を視察する機会を得た。見渡す限りの平原に屹立する穀物エレベーターと呼ばれる設備だ。周辺の小麦農家から、収穫した小麦が巨大なトラックで運ばれて来る。積まれている小麦を、最新のセンサーとコンピュータ・システムを活用し、水分含有量を含め詳細を計測すると、特A級からE級に迅速に分類して、巨大なサイロに保管する。市場の動向を見て、出荷の時期がくると、それぞれの仕向地向けに、種類、品質別に厳重に管理された小麦は、引き込み線で待機している個々の貨車に順次積み込まれる。一〇〇台を超える貨車が連結されて、小麦は、大平原を一路西に向かう。その勇姿は圧巻だ。途中、カナディアン・ロッキー山脈を越えて、太平洋岸のBC州プリンス・ルパート港へ到着する。そして、小麦は日本へと向かう。

サスカチュワン州の小麦集荷施設の穀物エレベーター（著者撮影）

「日本は、信頼できる輸出先です。最高品質の小麦は日本向けです」と、施設の責任者が語ってくれた。実際、日本は、パスタの原料となるデュラム・セモリナ種の小麦の大部分を、イタリアではなく、カナダから輸入している。

世界第四位の小麦生産国カナダが、日本の食卓を支えている。

キャノーラ（菜種）油——日加の信頼の原点

食育の重要性が指摘されて久しいが、適切な食生活こそ健康の土台であるからだ。そこで、カナダが世界最大の生産量を誇るキャノーラ油の登場である。酸化しにくく、加熱に強く、風味も良く価格も常識的なキャノーラ油は、健康志向の日本人の食卓にとって必需品だ。

日本国内に流通しているキャノーラ油の原料となる菜種の八〇％は、カナダから輸入されている。そして、カナダにとって日本は、米国に次ぐ二番目の最重要な輸出先である。

実は、「キャノーラ」という名称は、カナディアン・オイル・ロー・アシッド（Canadian Oil Low Acid）の略称に由来する。ここには、旧来の菜種とはまったく異なる品種を生んだカナダの歴史と誇りが滲んでいる。

半世紀程遡るが、一九七〇年前後、カナダ農業は深刻な問題に直面していた。世界最大級の小麦生産国の順調過ぎる生産が市況を圧迫し価格が長期的に低迷。政府は、小麦などの穀物生産を大幅削減する政策を推進する。特に、中西部のマニトバ州、サスカチュワン州、アルバータ州において、小麦、大麦と並ぶ新たな作物として、菜種の導入を検討する。ところが菜種は、悪玉コレステロールを上昇させないオレイン酸を多く含む一方、エルカ酸とグルコシノレートを含み、動物実験の結果、心疾患をもたらす危険性が指摘されていた。

そこで、カナダの穀物専門家・科学者は、菜種の本格的な品種改良に取り組む。めざしたのは、エルカ酸もグルコシノレートも削減する「ダブル・ロー」。実は、カナダにおける菜種の品種改良には、日本も深く関わっている。

江戸時代以降、国産の菜種油は天ぷらを筆頭に料理に広く使われていた。菜種は、コメを収穫した後の二毛作の絶好の品目として栽培されていた。しかし、稲作事情の変化で、田植えが梅雨の時期から五月、さらには四月と前倒しされ、かつ減反政策で、稲作自体が縮小。菜種を輸入せざるを得ない状況に直面した。しかも、菜種をめぐる健康と安全の問題は日本でも同じであった。ゆえに、日本植物油協会は、代表団を何度もカナダに派遣し、「ダブル・ロー」品種改良の促進を訴え、責任を持って輸入する旨を約束した。カナダにとっては、安定した需要先が確保されていることで、先行きが完全には見通せない革新的な品種改良に腰を据えて取り組めたのだ。両国間の信頼の原点がここにある。

その甲斐もあって、最初の成果は、一九七四年マニトバ大学のキース・ドーニー博士とバルダー・ステファンソン博士の共同研究により、エルカ酸含有量を五%を下回るまで削減。一方、七七年にはWHO（世界保健機関）とFAO（国連食糧農業機関）の合同委員会がエルカ酸過剰摂取に関する警告を発出する。食の安全確保こそが品種改良の鍵だ。

そして、七八年、西部カナダ植物油協会は、ダブル・ローをめざし品種改良されてきた新たな菜種は、従来品種とは完全に異なることを広くアピールするために、新品種の菜種を

「キャノーラ」と命名する。品種改良は倦《う》むことなく継続され、八〇年代になると、エルカ酸二%未満、グルコシノレート三〇ppm未満のキャノーラが普及。八五年には、米国食品医薬局（FDA）のGRAS（一般的に安全と見なされる食品）に登録された。これをきっかけに、オーストラリアや欧州でも生産は増え、キャノーラ油のマーケットも拡大し、今日に至る。

サスカチュワン州のキャノーラ畑と大型コンバイン
（著者撮影）

そこで、「百聞は一見に如かず」だ。筆者は、カナダ・キャノーラ評議会に調整を依頼し、同評議会の農学専門委員イアン・エップ氏が経営する農場を視察する機会を得た。二〇二三年九月のことだ。

サスカチュワン州の最大の都市サスカトゥーン近郊ブレイン・レイクの農場に、最新式の大型コンバイン等が並ぶ姿は圧巻だった。訪問した際には、天候良好で例年より早く収穫されていたが、二〇〇〇エーカー（東京ドーム約一七四個分）の広大な農場の収穫直後の光景は忘れられない。エップ氏の説明のポイントは以下の通り。

・サスカチュワン州北部は土壌の保水力が高く、乾燥した気候がキャノーラに適している。
・同じ作物の連作は土壌の養分不足や病害虫の発生に繋がるので、農地を区分けして、小麦、オート麦、大麦、亜麻、エンドウ豆等を輪作している。
・内外の需要も伸びて価格も上昇している。
・カナダ産キャノーラの九〇％が輸出されていて、米国、日本、中国が主要な輸出先である。

興味深かったのは、対中輸出について、「厳しさを増す加中関係の影響で、中国側は突如輸入停止を一方的に宣言しました。輸入停止措置は解除されたと公式発表されても、実際の取引は止まったままです。正直に言って、信頼感も透明性もないのが実情です」と心情を吐露した。

また、ハイテクを駆使した二一世紀の農業が印象的だった。衛星を用いて、水分、窒素、カリ等の含有量、肥料残量等、詳細な土壌分析を活用して、最も効率的で必要最小限の資材投入のタイミングと個々の箇所を決定。それらのデータをコンピュータ搭載のコンバインやトラクター等の農業機械に入力。自動運転で肥料等を散布し、刈り取りも行うのだ。実際、ハイテクを活用して少人数できわめて効率的に農場を経営している。技術が日進月歩で、五〜一〇年で新しい機種に更新しているという。

視察の合間に、エップ夫人は、お茶受けとしてポッキーとお煎餅を用意してくれた。日本からはるか遠いカナダの大平原でも、地元のアジアフードマーケットで売っているそうだ。日本とカナダの密接な繋がりを実感した。

なお、キャノーラには、今後、再生可能バイオディーゼルの原料として大口の需要も見込まれる。カナダの石油・ガス業界三位のインペリアル・オイル社が脱炭素経済の先を見据えて動き出した。

豚肉――高品質を届けるビジネス戦略

日本人は豚肉が大好きだ。ハム、とんかつ、カツ丼、豚汁、豚しゃぶ、豚まん等々さまざまに調理して食べている。国産の豚肉への愛着は強い。しかし、現在、日本国に流通する豚肉の半分は輸入豚肉である。主な輸入先は、米国（二六％）、カナダ（二四％）、スペイン（一四％）、メキシコ（一二％）、デンマーク（九％）だ。北米産豚肉が日本の輸入の半分を占めている。

あらためて、日米の結びつきの強さを実感するが、カナダからの輸入も米国に匹敵する。カナダは、世界一〇〇ヶ国以上に豚肉および豚肉製品を輸出している世界第三位の輸出国で、特に日本は輸出額でトップの最重要マーケットだ。

従来は、輸入豚肉は、低価格低品質で主として業務用というのが通り相場であった。が、今や、実態もイメージも変わりつつある。

そこで、カナダの対日豚肉輸出の最前線を見てみよう。そこには、日本とカナダの信頼に基づく強固なビジネス戦略がある。

東京は代官山のおしゃれな街路沿いに「ハイライフポークテーブル」という豚肉専門のレストランがある。なかなか予約を取るのが難しい人気店だ。ここで提供されているのは、すべてカナダ企業ハイライフ社の工場で生産された高品質の豚肉だ。

ハイライフ社は一九九四年の設立当時は、中西部マニトバ州ニーパワ村の零細企業であった。ニーパワ村は州都ウィニペグから北西に一八〇キロの大平原のど真ん中にあって、周辺には多数の養豚場がある。徐々に規模が拡大していったが、大きな転機は、二〇〇八年。伊藤忠商事が四九・九％の株式を取得。直接経営に参加して、高品質の豚肉の日本への輸出を強化したのだ。直営レストランのみならず、スーパーなど小売店向けにも、品質維持のため冷凍ではなく、すべて冷蔵状態で出荷し、エンドユーザーに届けている。

従来、カナダはじめ豚肉の生産国では、飼料生産、養豚、豚肉加工などの過程は、それぞれ別個の会社が行うことが多いが、ハイライフ社は一貫した自社生産によって、品質管理と安全確保を徹底し、生産コストを下げ、ブランドイメージの向上を図っている。日本の消費者の好みを意識し、定期的な科学調査も欠かさない。

輸出国と輸入国の関係は、元来、決して一筋縄ではいかない。TPPにおける豚肉の関税をめぐる交渉は苛烈を極めた。が、最終税率九%に向け暫時引き下げられる中で、両国の豚肉貿易は信頼関係の良きモデルとなっている。

2 エネルギー——国家存続の核心

エネルギー安全保障とは何か?

エネルギーは、国家存続の核心だ。経済に直結し、市民生活の基礎であり、軍事力を左右する。平和な時も、危機の時も、戦争の時も、国家安全保障の中核であった。

エネルギー資源を、①安定的に、②必要な量を、③低廉な価格で確保すること、これを「エネルギー安全保障」という。この重要性は、昔も今も変わらない。日本を含め、資源に乏しいエネルギー輸入国にとってはきわめて切実な問題である。

実は、世界の国連加盟国一九三ヶ国の中で、エネルギー自給率が一〇〇%を超える国は、わずか九ヶ国だ。世界中の大部分の国が、エネルギーを何らかの形で輸入している。そのため、国際的なエネルギー市場の動向は、世界を直撃する。

IEA(国際エネルギー機関)による各国の一次エネルギー供給量と国内産出エネルギー量の統計に基づき算出すると、エネルギー自給率の圧倒的な一位は、七〇〇%を超えるノルウェーだ。国内的には豊富な水力発電で需要を賄った上で、北海油田で産出する石油とガスをほぼ全量輸出しているからだ。二位はオーストラリアで三四〇%、その後にコロンビア、インドネシアが続き、カナダは五位で一八〇%。以下、南アフリカ、ブラジルと続く。長らくエネルギー輸入国だった米国は、シェール革命で天然ガス生産を増大させて、自給率一〇六%。そして、ロシアもまたエネルギー自給率一〇〇%をはるかに超える資源大国である。

ウクライナ危機とエネルギー情勢

ロシアのウクライナ侵略により、国際市場は乱高下し、エネルギーをめぐる情勢が歴史的な転換点を迎えつつあることが浮き彫りとなった。そして、資源大国カナダの存在感と役割が一層大きくなっている。実際に何が起こっているのかを理解するために、時計の針をウクライナ侵略の前に戻してみよう。

二〇二二年二月二四日以前の世界では、地球温暖化対策がグローバルな課題として最重要視されていた。エネルギー源として、太陽光や風力等の自然エネルギーを推進し、化石燃料の抑制が世界の潮流であった。そして、化石燃料の中では、石炭や石油に比べて二酸化炭素の排出が少ない天然ガスに注目が集まり、世界各国で、石炭・石油から天然ガスへの転換が進んでいた。そして、天然ガスの世界一位の輸出国がロシアであったのだ。ちなみに、石油輸出量でも世界二位。その存在感は非常に大きかった。

ウクライナ危機発生前のG7各国のロシアへのエネルギー依存度を見てみよう（**図表1**）。

図表1　エネルギーの対露依存度と一次エネルギー自給率（2022年）

単位：％

国	ロシアへのエネルギー依存度			一次エネルギー自給率
	石油	天然ガス	石炭	
日　本	4	9	11	11
米　国	1	0	0	106
カナダ	0	0	0	180
英　国	11	5	36	75
フランス	0	27	29	55
ドイツ	34	43	48	35
イタリア	11	31	56	25

出所）資源エネルギー庁

米国とカナダは、エネルギー自給率が一〇〇％を超えている。日本も、一次エネルギーの輸入先の多角化を進めており、米国とカナダ程ではないが、極端にロシアに依存している訳ではない。しかし、英仏独伊の対ロシア依存度は高く、特に、ドイツは、石油三四％、天然ガス四三％、石炭四八％を依存している。

とは言え、このような状況は、ウクライナ危機の前には特別に問題視されてはいなかった。むしろ、緊密な経済関係は、政治面で時に難しい局面に直面するにしても、全体として欧州諸国とロシアの関係を安定化させると考えられていたのだ。

しかし、ロシアのウクライナ侵略は、このような考え方が甘かったのだと思い知らせ、二一世紀の厳しい地政学的現実を見せつけた。

英国の科学雑誌『ネイチャー』において二二年の「ことしの一〇人」に国連のグテーレス事務総長ら

とともに選出されたのが、ウクライナの気候学者、スヴィトラーナ・クラコフスカだ。彼女は、ロシアがウクライナへの侵略を開始した最大の要因は、各国がロシアの化石燃料に依存していることにあると喝破した。ロシアは天然ガスと石油を輸出して得た資金で武器を買っていると指摘している。そして、ロシアへの依存こそ、欧州諸国がロシアの事前の動向を黙認せざるを得ぬ状況を生んだと見ているのだ。

ウクライナ侵略後、ロシアは天然資源の輸出量を絞り、欧州諸国に圧力を加える。エネルギーを「兵器」として使うことに一切の躊躇《ちゅうちょ》はない。対露依存している国にとっては、ロシアを批判し制裁を科すことが難しくなる。蛮行に与する訳ではなくとも背に腹はかえられない。ロシアにしてみれば、エネルギーを供与してあげるから己の言い分を飲め、さもなくば供給を停止する、という圧力になる。

しかし、G7や欧州諸国は、ロシアの国際法違反は看過できない。国際秩序への重要な挑戦で、今後の世界の帰趨を決める分水嶺だ。ロシア産資源の禁輸を含む制裁を断行する。それは、エネルギー調達先がロシア以外の国へ移行することを意味する。国際エネルギー市場の需給バランスが激変する。本来アジア市場に供給されるはずであったLNG（液化天然ガス）が欧州に行き先を変え、結果、特にアジアで深刻なLNG不足と価格高騰が生じることとなった。

そこで、カナダの出番だ。国際社会安定のための役割を果たす意思と能力を示す時が来たのだ。侵略から一ヶ月が経った三月二四日、カナダ政府は、「原油や天然ガスの欧州への供給能力を二二年中に一日あたり計三〇万バレル相当分まで段階的に増やす」と表明する。

ショルツ独首相のカナダ訪問

ウクライナ侵略から半年が過ぎた二〇二二年八月、ドイツのショルツ首相が三日間にわたりカナダを訪問した。トルドー首相との首脳会談では、ウクライナ情勢や気候変動対応などを議論した。が、真の狙いは、エネルギー分野における二国間協力の推進。つまり、カナダの資源を乞いに来たのだ。シンプルな数字がその背景を示す。

ウクライナ危機の直前、ドイツの対ロシア依存度は、石油三四％、天然ガスは四三％、石炭は四八％だったのだ。

それでも、ショルツ独首相は、対ロシア制裁を敢行し、対露依存からの脱却をめざす旨を明らかにした。ドイツの動きは早かった。石炭は二〇二二年の秋にもゼロにする目処が立った。温暖化対策で石炭使用を激減させるのは既定方針だったからだ。石油は、他国からの調達が可能で、二〇二二年四月末には一二％にまで削減し、同年末にはゼロにした。

しかし、天然ガスについては事情が異なった。当初、ドイツ国民の六割はロシア制裁として天然ガスの全面輸入禁止を支持した。しかし、対露依存度は三〇％までしか下がらない実態が明らかになる。他国からの輸入代替には限りがあったのだ。仮に、ロシアからの天然ガス禁輸に踏み切れば、家庭用暖房は途絶え、化学工業生産をも停止せざるを得ず、きわめて危機的な状況になる。

そこで、ドイツが注目したのが米国、そしてカナダだったのだ。カナダは、NATOメンバーでありG7。しかも、世界第五位の天然ガス生産国だ。

ショルツ首相は、対露依存度を低減させる上からも、カナダ大西洋岸から欧州への天然ガス輸出の新規プロジェクトの可能性に期待し、トップ会談で、危機を乗り越えようとしたのだ。

ショルツ首相はロイター通信のインタビューで「ドイツが急速にロシアのエネルギーから脱却しつつある中、カナダをパートナーとしたい。ドイツの天然ガス輸入拡大において、カナダが大きな役割を果たすと期待する」と率直に語っている。

トルドー首相は、共同会見で「世界のエネルギー供給網に貢献するために、われわれができることをする。あらゆる選択肢を検討する」と述べた。また、ドイツへの天然ガス輸出プロジェクトについて「カナダとドイツの産業界の間で話し合っている」と述べている。

ただし、具体的な事項についての発言は控えた。その背後には、天然ガスに関するカナダ国内の複雑な利害関係がある。大きな潜在力と現実の制約。それをどう克服するか、カナダにとっての試金石だ。

天然ガスをめぐる潜在力と現実

繰り返すが、カナダは、天然ガス世界第五位の生産国だ。二〇二二年の統計では、約一八五〇億立方メートルの生産量を誇る。ちなみに、上位四ヶ国は、米国、ロシア、イラン、中国と続く。

天然ガスは、大気圧下でマイナス一六二度まで冷却すると液体になり、体積が気体のときの六〇〇分の一になる。それがLNGだ。LNGタンカーで大量の天然ガスを輸送し、目的地に到着すると、液体から気化して、ガスとして利用する。その上、天然ガスは、石炭に比べると四〇%以上も二酸化炭素の排出が少なく、脱炭素に向けた現実的なエネルギーとして注目されている。

そこに、ロシアのウクライナ侵略によるエネルギー危機が加わった。脱炭素と対露依存からの脱却。ドイツを筆頭に欧州諸国は、カナダの天然ガスに期待を寄せる。カナダは、ウクライナ危機の前、ロシア、米、カタール、ノルウェー、豪に次ぐ、世界六位の輸出国だった。

しかし、カナダが現実に天然ガスを輸出しているのは、米国に対してだけだ。中西部の大平原、アルバータ州から南に向かうパイプラインを通じて、産出する天然ガスの約半分を輸出している。

ところが、米国は、豊富なシェールガスを擁する世界最大の天然ガス生産国だ。しかも、天然ガスを輸入しているのはカナダからだけ。そして、米国は世界最大の天然ガス輸出国だ。

簡単な数字で示す。米国は、九七〇〇億生産し、カナダから九〇〇〇億輸入し、二〇〇〇〇億を世界に輸出しているのだ（単位は立方メートル）。

米国は、メキシコ湾岸を中心に一五ヶ所の液化ターミナルを有し、「ヘンリー・ハブ」という独自の価格システムを構築して、世界の天然ガス市場を主導している。

このような現状について、カナダビジネス評議会のゴルディ・ハイダー会長は、「米国は、カナダから安く天然ガスを輸入して、より高い価格で世界に輸出し、利益を得ています。カナダは、今こそ、直接、天然ガスを欧州やアジアへ輸出し、温暖化対策に貢献し、相応の利益を得るべきです」と語る。筆者は、同会長とは、天然ガスを含め、カナダの政治経済、日加関係等について折に触れ率直に話し合っている。カナダの潜在力を顕在化させたいという熱意にあふれており、経済界の思潮を代弁している。

ならば、なぜカナダは米国にしか輸出していないのだろうか？

実は、スペインのエネルギー企業、レプソル社は、大西洋岸のニュー・ブランズウィック州セント・ジョン港に液化施設を整備し、欧州向けの天然ガス輸出事業について真剣に検討したのだ。しかし、二〇二三年三月、採算が合わないとして断念している。

欧州諸国へ輸出するためには、アルバータ州の天然ガスをパイプラインで大西洋岸の積み出し港まで運び、そこで、ガスを液化してLNGとして、船で輸送しなければならない。大西洋岸には、液化ターミナル施設はなく、具体的計画もないのが実情だ。

パイプラインについては、中西部アルバータ州と大西洋岸のニュー・ブランズウィック州を結ぶＴＣＰＬ（TransCanadia Pipeline）計画はあるものの、このパイプラインが途中で通過するケベック州、特にモントリオール市が強く反対し、完成の目処は立っていない。

しかし、カナダの天然ガス輸出をめぐる議論は動き始めているのだ。未来の可能性も見えてきた。

ビジネスと内政の結節点

カナダ国内の天然ガスをめぐる議論には、さまざまな観点が併存している。

環境保護団体は、気候変動対策の観点から、新規のガス・石油開発投資はやめるべきだと強く主張している。化石燃料依存からの脱却が進めば、ガス関連施設は、採算の取れない「座礁資産」になるとも主張している。また、天然ガスを採掘する際に、フラッキングという環境負荷の高い手法が使われることも問題視している。

先住民には、伝統的に利用してきた土地の環境破壊に繋がるリスクが避けられないとして、新規建設への根強い反対論がある。背景には、カナダ国内で稼働しているパイプラインのルートの八割が先住民の居住地区周辺を通過しているという現実がある。時として、環境保護団体と先住民グループが連携する。法廷闘争を含めた反対運動も過熱する。

さらに、連邦制を取るカナダの抱える難しさもある。州を跨《また》ぐ際に生じるさまざまな利益と負担の調整は容易ではない。連邦と州の権限をめぐる憲法訴訟にまで及んでいる。

自由党トルドー政権は、きわめて進歩的な政策を展開しており、特に、環境は看板政策だ。環境保護団体が政権の支持母体という現実もある。脱炭素化を強力に進めようとしている。天然ガスは、石油や石炭に比べれば、二酸化炭素の排出量は少ないが、化石燃料であることに変わりはない。早晩、脱却しなければならないとの考えもある。しかし、ウクライナ危機以降、各国がロシアへの依存度を下げげつつ、エネルギーを安定的に確保するために腐心している状況では、脱炭素一辺倒ではなく適切なバランスを取る必要がある。

カナダの天然ガスの三分の二を産出するアルバータ州は、化石燃料部門に多くの雇用を抱えている。石油とガスでカナダ経済を支えてきたという自負もある。二〇五〇年ネットゼロをめざしつつも、天然ガスは、社会が脱炭素に向かう上でも重要なエネルギー源だとして、米国以外への輸出も積極的に考えている。

経済界は、世界のLNG市場が年率四%で拡大している現状は、大きな機会の窓が開いていると捉えている。経済にとっても、地球環境にとっても、またカナダの国際場裡での影響力増大という意味でもプラスだと確信しているようだ。

そこで、注目されるプロジェクトがある。

初めてのアジア輸出プロジェクト

現在、カナダの天然ガスの三分の一を産出しているBC州において、日本を含むアジア諸国へ輸出する壮大なプロジェクトが進行中である。三つの事業から構成されているが、すべての事業がBC州だけで完結するという利点もある。二〇二五年にも完成が見込まれている。

まず、上流事業として、太平洋岸BC州の東部、アルバータ州との境界近くのモントニー地区の標高七〇〇メートルの山中に埋蔵されている天然ガスを採掘・生産する「モントニー・シェールガス開発プロジェクト」がある。

次に、採掘された天然ガスを六七〇キロメートル離れたBC州北部の積み出し港キティマットまで専用のパイプラインを敷設する「コースタル・ガス・リンク・パイプライン・プロジェクト」。

そして、輸出基地キティマット港の周辺約四三〇ヘクタールに、年間一四〇〇万トンの生産能力を持つ、天然ガスを液化し、貯蔵し、輸出するための複合施設とターミナルを建設する「LNGカナダプロジェクト」だ。ちなみに、日本が一年間に輸入する天然ガスが七五〇〇万トンであることを考えれば、大きなインパクトをお分かりいただけるだろう。

LNGカナダプロジェクトは、カナダの歴史上、最大となる四〇〇億加ドル（四兆四〇〇〇億円）の民間投資プロジェクトだ。事業実施者は国際コンソーシアムにより設立された「LNGカナダ・ディベロップメント社（以下、LNGカナダ）」。その出資比率は、シェル・カナダ・エナジー社（英国シェルのカナダ子会社）四〇%、マレーシアのペトロナス社二五%、ダイヤモンド・ガス社（日本の三菱商事の子会社）一五％、中国のペトロ・チャイナ社一五％、そして韓国ガス公社五％である。

一八年一〇月に行われたLNGカナダの最終投資決定・署名式には、トルドー首相も出席した。このプロジェクトがカナダのエネルギー政策・環境政策、そして先住民との和解にとって重要であることを如実に示している。

環境保護派は、このアジア輸出プロジェクトへの反対を表明する。特に、六七〇キロに及ぶパイプラインが通過する地域に住む先住民グループは、環境団体とともに、建設現場で抗議行動を行った。時には、暴力的な手段を用いて強硬な妨害工作も行われ、逮捕者まで出した。

これに対し、LNGカナダ側は、一万二〇〇〇回を超える個別の会合・対話を行い、このプロジェクトが世界の脱炭素化に貢献すると同時に、地元の経済発展に繋がる意義を丁寧に説明してきた。また、実際の敷設工事に際しては、環境へ最大限の配慮をしてきたという。例えば、パイプラインが川を横切る場合、まず、工事期間中は、暫定的に川の流れを変えて、パイプラインを地中に敷設し、その上に土壌を戻し、川も元通りにした。工期も延び、経費もかさんだ。が、このような取り組みが、徐々に地元の先住民からの理解と支持を得ることに繋がっていく。

天然ガス輸出施設が建設されているキティマットは、バンクーバーから北に六五〇キロ。

フィヨルドが発展した港町で、先住民ハイスラ族が数千年前から暮らしており、自治組織がある。LNGカナダは、ここでも先住民と協力してプロジェクトを進め、地元人材を優先して雇用。ハイスラ族自治組織の歳入が増え、保健センターや青少年センターも建設された。

外交官としては、現場に赴き実際に人と会うことが大切だと思っているので、筆者は、自治組織のクリスタル・スミス議長とも何度か懇談した。「われわれの思いを反映させる形で、LNGカナダに関与し、協力しています。その結果、地域が発展し、住民が戻って来ていることが嬉しいです。白人社会との真の和解に繋がると思います」と語ってくれた。同時に、「先住民のグループには、さまざまな考え方があり、中には、白人への協力は先祖への裏切りと考える者もいます。そんな見方も尊重しながら、皆をまとめなければなりません。リーダーシップが問われているのです」と胸のうちを吐露してくれた。

LNGカナダが先住民との協力の良きモデルになることが期待されている。

日本の選択

日本は、世界第二位のLNG輸入大国だ。最大の輸入先はオーストラリア（四三％）、次いでマレーシア（一七％）、ロシア（一〇％）、米国（六％）と続く。エネルギー安全保障の観点からは、輸入先の多角化が重要だ。ウクライナ危機以前、そのカギはロシアであった。

しかし、現下の地政学的状況を見れば、カナダとの連携強化が重要だ。基本的価値を共有し、政治的・社会的安定性が高い。カントリー・リスクはない。ともにG7、TPPのメンバーであり、深刻な二国間の問題も皆無。

しかも、地理的にも有利だ。カナダ西海岸から日本への海上輸送は、ほぼ一〇日間。米東海岸からパナマ運河を経由すれば四〇日間だ。カナダ西海岸からのルートは、高緯度で台風・ハリケーンの心配もなく、海賊もいない。カナダ西海岸、アラスカ、カムチャッカ半島沖、その先は北海道で、懸念すべきチョークポイントはない。

現段階の計画では、LNGカナダは年間一四〇〇万トンの生産能力を持ち、そのうち二一〇万トンが日本向けである。さらに、年間二八〇〇万トン生産への拡張も視野に入る。日本への輸出増大も期待される。カナダは、LNG輸入の多角化戦略の核心にある。

3　重要鉱物——温暖化と地政学の交差点

ウランと経済安全保障

二〇二四年一月、米国エネルギー省は、驚くべき事実を公表した。二二年の段階で、米国における原子力発電の燃料となる低濃縮ウランの二四%がロシアからの輸入だったのだ。

ロシアのウクライナ侵略を受け、米国はロシアに対し厳しい制裁を科す。一方で、エネルギー分野ではロシアに依存せざるを得ない実情が明らかになった。米当局は、ロシアからの輸入を減らしていく方針を明らかにしてはいるが、二七年の段階でも、米国が原子力発電に必要とする低濃縮ウランの一五％はロシア産になると試算している。

原子力発電は、二酸化炭素を排出しないため、地球温暖化対策の切り札だ。現在、米国の発電量に占める原子力の比率は一八％だが、これを増やそうとすれば、ロシアに依存せざるを得ないというジレンマに陥ってしまう。

振り返れば、米国がロシアから低濃縮ウランを輸入するようになったのは、一九九三年の米露合意に由来する。ロシアの核兵器用の高濃縮ウランを低濃縮ウランに作り直し米国が購入することで、核不拡散を促進しようという発想だった。冷戦が終結し、米露間の信頼を醸成し、ロシアを西側に取り込んでいこうという時代だ。九七年、G7にロシアが加わってG8になり、翌九八年、ロシアはAPEC（アジア太平洋経済協力）に参加。ロシアは、国営企業ロスアトムを軸に、低濃縮ウランを増産して低価格で供給し、世界市場で五割近いシェアを持つまでになった。米国がロシアの安い低濃縮ウランを購入していたのは、核不拡散の観点からも妥当であり、市場原理にも適っていたと言えよう。

しかし、二〇一四年、ロシアがクリミアを占領し、G8から追放された。二二年にはウクライナに侵略した。国際情勢は加速度的に緊迫している。かつて妥当であった政策も抜本的に見直されなければならない。

二三年一二月、米国は、日英仏にカナダを加えた五ヶ国で、低濃縮ウランのロシア依存脱却のため、三年間で、官民合わせて四二億ドル以上の投資をめざすとの共同宣言を発表した。

注目すべきは、この五ヶ国の中で、実際に十分な量のウランを生産できるのはカナダだけだということだ。二二年の世界原子力協会のデータでは、カナダは、カザフスタンに次いで、世界二位のウラン生産国、世界の全生産量の一五％を占めている。

今、世界では、重要鉱物資源をめぐる争奪戦が緊迫化している。戦略的資源へのアクセスを確保し、経済的な脆弱性を減らすためだ。経済的な観点から国家安全保障上の課題に対処する経済安全保障そのものだ。

重要鉱物をめぐる現状

重要鉱物は、さまざまな工業製品の原材料として、国民生活と経済活動を支える重要な資源で、ウランのほかリチウム、黒鉛、ニッケル、コバルト、カリ等がある。特に、地球温暖化対策の切り札であるゼロ・エミッション車や太陽光発電、風力発電に使用される蓄電池、永久磁石等に必要不可欠な資源である。重要鉱物を安定的に確保することは、各国、各企業の国際競争力に直結する。重要鉱物は、地政学的意味合いを持つ、きわめて戦略的な物資だ。

しかるに、重要鉱物の埋蔵は、特定の国々に偏在している。よって、特定国への依存度が高くなる。政情不安がある国、あるいは全体主義・権威主義的な国から産出されるものも多い。よって、サプライ・チェーンが寡占化されやすく、代替供給は困難な場合が多い。例えば、電気自動車のコストの三分の一を占めるリチウムイオン電池に使用されているコバルトを見てみよう。世界の埋蔵量の約半分がアフリカのコンゴ民主共和国に存在し、世界の精錬量の約七〇%が中国に集中している。

それゆえ重要鉱物は、経済的威圧の手段として利用される事例も散見される。二〇一〇年、尖閣諸島周辺で海上保安庁の巡視船に故意に衝突してきた中国漁船の船長を逮捕した際に、中国が対抗措置として、レアアースの輸出枠を大幅に削減した。そのため、日本では輸入量が激減し、価格も高騰した。

従来、WTO（世界貿易機関）を軸とする多角的な自由貿易体制の下で、各国は、市場経済の原理に則る国際的なルールに従って安定的に拡大する貿易の恩恵を受けてきた。しかし、米中関係が覇権争いの様相を呈し始め、新型コロナ感染爆発で世界中のサプライ・チェーンが麻痺・混乱し、ロシアのウクライナ侵略という状況の中、国際社会の分断が露わになってきた。グローバリズムを謳歌した自由貿易の時代は過ぎ去ってしまったかのようだ。

対立する相手国には、自国が有する戦略的に重要な技術や物資・製品を渡さない措置が取られるようになっている。例えば、中国は、ガリウム、ゲルマニウム、グラファイトについての輸出管理を強化する旨を表明している。

同時に、中国の国営企業あるいは政府の指導下にある民間企業が、重要鉱物の埋蔵が確認されている国への投資を増大させている。コバルトの例のように、鉱山の権益を確保し、精錬で世界シェアを握る動きも目立ってきている。

このような現状で、カナダへの期待が高まっている。未開発のものも含めれば、カナダには相当多くの重要鉱物資源が眠っている。

クリスティア・フリーランド副首相兼財務大臣が二二年一一月にカナダ連邦議会・下院本会議で行った財政演説の一節が印象的だ。

「カナダには、世界のネットゼロ移行を促進し、同盟国のエネルギー安全保障を支援するための天然資源がある。そして、決定的に重要なのは、カナダが資源を豊富に持つ民主主義国家だということだ」

重要鉱物を外国の投資から守る

批判的な論者が言うように出遅れ感は否めないものの、ここからのカナダの動きは早い。背景には、中国への警戒感の高まりがある。まず、カナダの重要鉱物セクターが外国から買い叩かれるのを防ぐ必要がある。

二〇二二年一〇月、カナダ政府は、国内の重要鉱物セクターに投資しようとする外国の国有企業および外国政府の指揮下にある民間企業に対し、カナダ投資法に基づく「ガイドライン」を改正し、規制を強化した。

投資法を所管する、シャンパーニュ産業大臣とウィルキンソン天然資源大臣が共同で声明を発表した。両大臣は、その核心部分で、「北米の重要鉱物サプライ・チェーンを戦略的に構築していく必要があり、その目標を推進する外国からの投資は引き続き歓迎する。しかし、外国からの投資がわが国の安全保障と重要鉱物のサプライ・チェーンを脅かす場合、カナダは断固として行動する」と述べている。

新しい「ガイドライン」によれば、取引額の規模、あるいは直接投資か間接投資にかかわらず、探査、開発、採掘、処理、精製、製品化などバリュー・チェーンの全段階において、外国の国有企業および外国政府の指揮下にある民間企業からの投資は、国家安全保障の審査対象となる。そのため、カナダ政府は、投資家や企業に対し、計画中の投資案件が、カナダに対して敵対的、もしくは友好的でない政権や国家、もしくはその影響下にある国有企業や団体と関係していないかを見直すことを推奨している。

翌一一月、シャンパーニュ大臣は、カナダ投資法に基づく国家安全保障審査の結果として、中国の国営企業三社に対し、保有するカナダの重要鉱物資源会社の株式を売却するよう指示した。

重要鉱物戦略とは何か

そして、二〇二二年一二月、カナダ政府は、重要鉱物に関し、包括的な「重要鉱物戦略（The Canadian Critical Minerals Strategy）」を明らかにする。

この戦略は、重要鉱物としてカナダに存する三一種類を特定している。特に重視しているのがリチウム、黒鉛、ニッケル、コバルト、銅、希土類元素、カリ、ウラン、アルミニウム。グリーン・エコノミーに直結し、未来を決定づける資源だ。重要鉱物をめぐる国際的な文脈の中で、次の五つの目標を掲げている。

①経済成長、競争力、雇用の促進。
②気候変動対策と環境保護の推進。
③先住民族との和解。
④多様で包摂的な労働力とコミュニティーの育成。
⑤グローバルな安全保障と同盟国・有志国とのパートナーシップの強化。

政府として、重要鉱物を最大限に活用し、もって、国際場裡でのカナダの地位を向上させると同時に、国内の課題の解決に取り組もうとする野心的で包括的な内容だ。

この戦略の主管、ジョナサン・ウィルキンソン天然資源大臣と、筆者は折に触れ、意見交換をしている。同大臣は、この戦略の二つの背景を明快に述べた。

一つは、地球温暖化・経済社会政策の文脈だ。「重要鉱物は、ソーラーパネルや電気自動車用電池等のクリーン・テクノロジーに不可欠な素材です。国内的には、中産階級の雇用を創出し、カナダ経済を成長させる重要な要素です。世界的なネットゼロ経済への移行と重要鉱物の需要増大は、カナダの雇用とビジネスにとって大きな機会を生みます」。

もう一つが国際情勢の文脈。「現在の地政学的な情勢を考えれば、日本を含め、同志国はクリーン・テクノロジーに必要不可欠な安全で安定的な資源確保を求めています。カナダとして役割を果たすべき時が来たのだと思います」と。

そして、カナダ政府は、気候変動対策の目標を達成するとともに、グローバルな安全保障とサプライ・チェーンの強靭化に貢献しつつ、重要鉱物の探査、抽出、精製、製造、リサイクルにより、カナダのすべての地域における世代を超えた雇用創出のため、二二年四月から二三年三月まで連邦予算から、最大で三八億加ドル（約四〇〇〇億円）を拠出する旨明言し、本気度を示している。

直面する四つの課題

しかし、野心的で包括的な戦略というものは、常に「言うは易く行うは難し」だ。率直に言って、カナダの重要鉱物には大きなポテンシャルがあるが、課題も少なくない。

重要鉱物は、上述の通り、地球温暖化対策と経済安全保障の両面からカナダの戦略の中核にあり、期待も大きい。重要鉱物のほぼすべてを輸入に頼る日本からすれば、カナダとのパートナーシップの重要性は明らかだ。

それだからこそ、企業の立場からすれば、大きな潜在力があるというだけでは不十分、と言わざるを得ない。もちろん、誰も未来を予言できない訳で、最終的な経営判断には、ケインズの言う「血気（animal spirit）」が必要だ。

とは言え、現実のビジネスとして、投資し事業を転換していくためには、短期のみならず中長期のリスクを冷徹に見極め、将来の展開を予測し、コストを計算し、持続的に利潤を得ていくことについて一定の確証がなければならない。日本企業から聞こえてくるのは、以下の四つの課題があるという声だ。

①インフラの未整備。
②煩雑な規制と手続き。
③先住民の理解と支持。
④連邦政府と州政府の調整。

もちろん、重要鉱物に関わる連邦政府の閣僚や州政府首脳、さらにはカナダ産業界の人々は、この四つの課題について十分に認識している。これらは、いわば構造的課題であり、一朝一夕に解決できる訳ではない。

それでも、カナダの重要鉱物資源のポテンシャルを顕在化し、現実のビジネスに結びつけようという官民の動きが加速している。

毎年三月、鉱物資源に関し、世界中から三万人を超える関係者が参加する世界最大の国際会議、ＰＤＡＣ（Prospectors & Developers Association of Canada）がトロントで開催されている。カナダの重要鉱物への期待が明らかであり、さまざまな情報交換が行われる。ライバル企業の動向なども探りつつ、商談も密談も行われる。

このPDAC会議に先立ち、二〇二四年二月、ウィルキンソン天然資源大臣は、新規の重要鉱物開発に要する規制と手続きを最適化すると表明した。従来、一二～一五年を要している手続きを五年程度に短縮する方法を探っていると述べたのだ。例えば、鉱山開発の許認可迅速化に向けた予算配分。許認可手続きと環境評価の同時進行。新規の鉱山開発や鉱物加工事業への税控除。先住民の地元鉱山プロジェクトへの資本参加を促進する低利融資などだ。

あいつぐ主要閣僚の訪日

一方、新型コロナがほぼ収束し、オンラインではなく対面での会合が復活していった二〇二二年後半以降、カナダの閣僚の日本訪問が相次いでいる。重要鉱物を軸にした両国間のビジネスを実現させようという気運に満ちている。

将来の首相候補との呼び声も高いシャンパーニュ産業大臣は、二〇二二年後半だけでも三回日本を訪問している。特に、七月の訪日ではフルに一週間滞在し、東京のみならず、大阪、名古屋なども訪れている。シャンパーニュ大臣自身が筆者に「日本政府の閣僚との面談とは別に、日本の主要企業と個別に二七件の面談をしました。日本を本当に重視しています。今、両国に機会の窓が開いているのです」と情熱的に語った。

日本企業に伝えたメッセージの核は、同大臣が提唱する「鉱山から自動車へ（Mines to

Mobility）戦略」だ。要するに、カナダの重要鉱物を最大限に活用して、ゼロ・エミッション車に関するエコシステム（多様な企業が協業して共存共栄できるビジネス環境）をカナダ国内に構築する。そこに日本企業の投資を誘致したい。日本企業にとっても、世界最大の北米市場への最高のアクセスであり、過度な中国依存を修正する良い機会になる、と。

シャンパーニュ大臣のみならず、重要鉱物を所管するウィルキンソン天然資源大臣も、二三年一月、訪日。高市早苗経済安全保障担当大臣、野村哲郎農林水産大臣（いずれも当時）ら政権要路との会談に加え、日本の主要企業とも面談している。

そして、ウィルキンソン大臣は、『日本経済新聞』のインタビューで、重要鉱物戦略の狙いについて、「カナダにおける資源開発を加速させ、日本、米国、オーストラリアなどの友好国と連携し、中国に依存しない体制をめざす」ときわめて率直に語っている。

その他にも、メアリー・イン国際貿易大臣も二三年一〇月「チーム・カナダ」と呼ばれる経済ミッションを率いて来日。大企業から中小・中堅企業まで一五〇社のカナダ企業から二五〇人を超えるビジネスリーダーや幹部が参加した。中でも、重要鉱物セクターは力が入っていて、個別の商談を精力的にこなしていた。

しかしながら、「タンゴは一人では踊れない」のだ。カナダ側が熱心なだけでは、事業にはならない。熱いラブ・コールに対し、日本企業はきわめて真剣に検討はしている。しかし、カナダ側が期待する迅速さには欠ける。率直に言って、スピード感に乏しいのだ。

それを横目に、カナダの大きな潜在力を評価する欧米企業や韓国企業は、日本企業に先んじて、重要鉱物関連の大型投資を行い始めている。ゼロ・エミッション車製造のドイツのフォルクスワーゲン、蓄電池のノルウェーのノースボルト社、韓国のLG社などだ。

カナダがいつまでも日本を待っているという保証はない。

苛烈な国際競争と日本の戦略

今後、世界でEV（電気自動車）が普及していく流れの中で、競争は厳しい。しかるに、日本は、EVの心臓部の蓄電池の正極材の核になるリチウムの五五％を中国から輸入している。特定の国に依存するのは供給途絶のリスクが大きい。経済安全保障の観点から、重要鉱物の調達先の多角化は必須だ。

カナダは、信頼できる資源大国であり、包括的な重要鉱物戦略を掲げ、何度も閣僚が訪日し、投資誘致にきわめて積極的だ。しかも、USMCA（米国・メキシコ・カナダ自由貿易協定）で、米国・カナダ・メキシコの市場は一体となり、人口五億人、GDP約三五兆ドルの世界最大の市場の一角を占める。

そこで、日本として、重要鉱物の探鉱、加工、蓄電池の安定的なサプライ・チェーンをカナダに構築することをめざし、官民が連携して動き出した。

二〇二三年九月、西村康稔経済産業大臣（当時）は、蓄電池関連七社の企業幹部を率いて、オタワを訪問した。西村大臣は、イン国際貿易大臣、シャンパーニュ産業大臣、ウィルキンソン天然資源大臣と相次いで会談し、カナダにおいて、EV向け蓄電池の持続可能なサプライ・チェーンを共同で構築することに合意する。そして、両国政府の間の協力覚書に署名した。また同時に、来訪した日本企業とカナダ企業の間でも、二本の覚書が署名された。

実は、この訪問は、経済産業大臣としては一〇年ぶりであった。カナダとの関係が大きく動き始めた証左とも言える。

官民それぞれの覚書は、単なる文書に留まらず、具体的な案件として実を結びつつある。直近の日加間のビジネス案件を見てみよう。

住友金属鉱山は、二三年九月、BC州のナノ・ワン社に約一六九〇万加ドルを出資して、五%の株式を取得。今後、EV用蓄電池の正極材の製造技術を共同開発する。

また、二四年一月には、約一四四〇万加ドルでBC州のFPXニッケル社の株式九・九%を取得したと発表。同州のデカール鉱山地区で、従来に比べて二酸化炭素排出量の少ないニッケルを調達する。

パナソニックエナジー社と三井物産は、同年二月、カナダの黒鉛製造会社NMG（ヌーボー・モンド・グラファイト）社に二五〇〇万ドルの出資を発表した。NMG社は、ケベック州のマタウィニー鉱山で採掘された黒鉛をEV用蓄電池の負極材としてパナソニックエナジー社に供給する。これによりパナソニックエナジー社は、北米でのEV蓄電池で主導的な地位をめざすという。

また、三菱商事は、二四年三月、カナダの鉱山会社フロンティア・リチウム社のリチウム生産事業への出資を発表。二五〇〇万加ドルで株式七・五％を取得する。オンタリオ州で鉱山と精製プラントを開発し、二七年頃から生産を開始する予定だ。鉱山からEV用のリチウムイオン電池の正極材までを一貫して手がける。

さらに、丸紅は、二四年三月、ハドベイ・ミネラルズ社に五年間で約一二〇〇万加ドルを出資すると発表。中部マニトバ州の鉱区で試掘し、リチウム、ニッケル、コバルトなどの重要鉱物の生産をめざす、としている。

まさに、日本の主要企業がカナダで重要鉱物のサプライ・チェーンの構築を加速させている。念頭にあるのは、中国への懸念だ。過度な依存を是正し、リスクを抑えて、重要鉱物の安定的なサプライ・チェーンの確保を狙っている。

コラム①　恐竜と石炭と古生物と

カナダは非常に若い国だ。が、その広大な大地には、地球の原初の姿をとどめる大自然が広がる。地球の四六億年の歴史の中で進化してきた生命の痕跡と物語が刻まれている。

中西部アルバータ州の最大都市で冬季オリンピックも開催されたカルガリー、その東方九〇～一五〇キロメートルの地域にバッドランドと呼ばれる荒野が広がっている。カナディアン・ロッキーの一角バンフ国立公園内に源流を持つレッド・ディア川がつくった渓谷もある。この地域は、七五〇〇万年前の地層がむき出しになっていて、完全な骨格のものを含め三九種類もの恐竜の化石が発見されている世界的に稀有な場所だ。五〇〇以上の標本がニューヨークの自然史博物館、オタワの自然博物館はじめ世界中の博物館で展示されている。

この地域は、一九五五年にアルバータ州五〇周年記念事業として、化石の出土する地層を保護するために恐竜公園に設定され、七九年には、UNESCOの世界自然遺産に登録されている。

有史以来の未踏の地だった荒野バッドランドが初めて世の注目を集めたのは、一八八四年。ジョセフ・ティレルが率いた調査の結果だ。ティレルは、法律家・地質学者・古生物学者・歴史家という多方面に才能を発揮し、カナダの歴史に名を刻むことになる。

ティレルは、一八五八年一一月トロント近郊に誕生。名門トロント大学法学部に進学。八〇年に卒業し、トロントの法律事務所に就職する。が、健康がすぐれず、医者に相談すると、アウトドアでの仕事を勧められた。八一年、二三歳でオタワの政府機関「カナダ地質調査所」に入り、古生物学者たちの助手を始める。法律家とはまったく異なる仕事だが、頭角を現し、八四年夏にはアルバータ州レッドディア川流域と隣接地域の調査・探検隊のリーダーに任命される。主なミッションは、石炭など鉱物資源の探査だった。

しかし、この時ティレルが発見したのは鉱物資源ではなく、未知の生物のほぼ完全な頭蓋骨の化石だった。八四年八月一二日の出来事。まったくの想定外で、装備も何もなく、この時に実際に確保できたのは部分的なものだけ。だが、全長約一〇メートル、体重約二トンの二本指の前肢を持つ二足歩行の肉食恐竜、ティラノサウルス科の世界最初の発見だ。恐竜研究の発展にとってきわめて重要な一里塚となり、この後、バッドランドではさまざまな年齢の同種の三〇個体を超える化石が発見され、詳細な研究が行われる。そして、一九〇五年に、米国の著名な古生物学者ヘンリー・フェアフィールド・オズボーンにより、発見された場所にちなみアルバートサウルス（Albertosaurus）と命名された。

ただし、当時は恐竜研究の黎明期で、現在のような学術的評価はなかった。ティレルの本業は、あくまで鉱山探査だ。アルバータ州、サスカチュワン州、マニトバ州の探検・調査を続ける。やがて、ティレル調査団は「バッドランド」でカナダ最大級の石炭層を発見し、資源大国カナダの基礎を築いたのだ。

ティレルの石炭層発見で、バッドランドは炭鉱採掘で繁栄する。一九一一年には、中心地ドラムヘラーに鉄道が敷設された。東欧からの移民が増え、最盛期には、一四〇もの炭鉱が操業し、カナダ西部最大の石炭生産量を誇った。三〇年代には、人口が三万人を超えた。しかし、五〇年代になると、石油と天然ガスに取って代わられ、石炭は斜陽産業となり、次々と閉山。最後のアトラス炭鉱が一九七九年に閉じ、人口も激減した。

八一年、アルバータ州政府は、州立アルバータ博物館に付属する古生物学博物館の建設計画を発表する。四年間の入念な準備を経て、八五年九月、世界最大級の古生物学博物館「ティレル古生物学博物館」が開館する。石炭に代わるドラムヘラーの新しい核となる。館の名称は、ジョセフ・ティレルの功績にちなむ。開館から五年後には、カナダの君主でもあるエリザベス女王から「王立（Royal）」の称号を授与される。年間三〇万人が来場する人気スポットとなり、世界中の恐竜・古生物ファンが憧れる博物館だ。

入口のトンネル壁面には、四六億年の地球の歴史を辿る一九〇枚に及ぶ写真を配置。

一階は、アルバートサウルス、ティラノサウルス、ボレアロペルタ等々の三五体の恐竜の全身骨格を筆頭に多数の化石が展示されている。特に「ブラック・ビューティー」と名付けられたティラノサウルスの化石は圧巻だ。

二階には、五億一〇〇〇万～五億五〇〇〇万年前の古生代カンブリア紀に生息していたバージェス動物群の化石が展示されている。

世界中で発見された化石の中で、最も貴重で重要なものが、カナディアン・ロッキー山脈で発見されたバージェス頁岩に由来する。カンブリア紀中期の頁岩層から見つかったのは、硬い殻を持たないため普通ならば化石として残り難い軟体性動物の精緻な構造を留めた化石。バージェス動物群と総称される。五つの眼と前方に突き出たノズル状の吻を持つ〝オパビニア〟や当時としては最大の動物で円盤のような顎を持つ〝アノマロカリス〟等が有名だ。

バージェス頁岩は、地球上で急速に進化が進み、多くの新しい生物種が突然に現れ、生物の多様性が急速に拡大した「カンブリア大爆発」とも呼ばれる現象をリアルに示す。生命の進化に関する新たな視点をも提示する。バージェス頁岩は、一九〇九年、米国の古生物学者でスミソニアン協会の会長だったチャールズ・ウォルコットによって発見された。

スティーヴン・ジェイ・グールドの名著『ワンダフル・ライフ』が鮮やかに描写する。「ウォルコットによる最も驚くべき動物群発見の一つは、一九〇九年の野外調査シーズンの最後にもたらされた。そのとき、ウォルコット夫人が乗っていた馬が山道を下る途中で脚を滑らせて板石をひっくり返し、それがただちにウォルコットの目をひいたのだ。それはカンブリア紀中期のまったく目新しい甲殻類化石という、とんでもない宝物だった。それでは、その板石をもたらした母岩は、その山のどこにあるのか。すでに降雪が始まっていたため、その謎解きは翌シーズンの課題として残された。その翌年、ワプタ山に戻って来たウォルコットは、フィールドの町よりも九〇〇メートル高い場所にある頁岩――その後、バージェス頁岩と呼ばれることになった――こそがその岩の出所であることを最終的に突き止めた」（渡辺政隆訳。一九二八年、ウォルコットの旧友、イェール大学教授の古生物学者チャールズ・シュッカートの追悼文）

第二章　知られざるハイテク先進国——ＡＩから量子まで

現在、ＡＩ（人工知能）は加速度的に進化し、医療、金融、自動車、家電、小売業、教育、交通、天気予報、エンターテインメント、農業、さらには国防など社会のあらゆる局面で活用されている。そして、ＡＩを効率的に活用するためには、用途と分野に応じて、個々のＡＩに特化した専用の半導体が不可欠だ。ＡＩ半導体の世界市場は、二〇二二年の四四二億ドルから、二七年には一一九四億ドルと、五年で二・七倍に拡大すると見込まれている。

そんな中、二四年二月、ビジネス関係者が注目する大きなニュースが流れた。日本の半導体産業の未来を賭けたラピダスとカナダのスタートアップ企業テンストレントが最先端のＡＩ半導体の開発について連携すると発表したのだ。

ラピダスは、二二年八月に、ソニーグループ、トヨタ自動車、デンソー、キオクシア、ＮＴＴ、ＮＥＣ、ソフトバンク、三菱ＵＦＪ銀行の日本の大手企業八社が出資して設立されたオール・ジャパンの新しい半導体製造会社だ。日本政府も三三〇〇億円の開発費を拠出している。その背景には、日本はかつて世界のシェア五割を超える押しも押されもせぬ半導体大国であったものの、一九年には世界シェア一割にまで縮小した日本の半導体産業を復権させるというヴィジョンがある。また、現在、最先端の半導体は量産できる国が限られており、地政学リスクやサプライ・チェーンの混乱に脆弱性を抱えている中、経済安全保障の観点からもきわめて重要だ。

そこで、ラピダスは、二ナノ・メートル（ナノは一〇億分の一）という史上最小の半導体を世界に先駆けて量産する目標を掲げている。そのきわめて野心的な計画の最重要パートナーとして選ばれたテンストレント社は、アップルのプロセッサー開発を率いた伝説のエンジニア、ジム・ケラー氏がCEOを務める半導体設計会社だ。AIに不可欠な膨大な計算を超高速で行うCPU（中央演算処理装置）を開発する役割を担う。

日本の国家的な起死回生の核心をカナダのスタートアップ企業が担うというのは、示唆に富む。というのも、カナダの科学技術分野での力量は、突然降って湧いたものではなく、それぞれの時代のハイテク、最先端の技術を担ってきた歴史があるからだ。

時を遡って、一九世紀。当時の最先端通信機器の電話について見てみよう。電話は、イタリア人アントニオ・メウッチが一八五四年に発明した説が有力である。しかし、実際に長距離で会話が可能な電話機を実現したのは、グラハム・ベルだ。ベルは一八四七年、スコットランドのエジンバラ生まれ。一八七〇年、二三歳の時にカナダに移住。オンタリオ州ブラントフォードに居を構える。近所に住む先住民モホーク族の名誉酋長になるなど、カナダの社会に溶け込んだ。自らの仕事場の周辺の土地を「夢見る場所」と呼び、電気と音声について研究と実験を本格化させる。そして、一八七六年三月、電話の技術で米国初となる特許を取得。同年八月三日、地元オンタリオ州ブラントフォードの基地局と八キロ離れた商店との間で、世界で初めて長距離電話での会話を実現させる。

そして、第二次世界大戦中のことだ。英国は、ナチ・ドイツからの空爆に晒されていた。そこで、チャーチルは、英国が誇る航空関連の最先端の研究拠点をドイツから攻撃を受けないモントリオールに移転することを決断した。以後、モントリオールには、航空宇宙産業関連の技術と人材が集積し、カナダ宇宙庁も郊外に置かれている。

知る人ぞ知るが、カナダは、ソ連、米国に次いで世界で三番目に、人工衛星を設計・製造し、軌道に乗せた国だ。カナダ国防研究通信研究所の科学者ジョン・チャップマンとエルディン・ウォレンが開発・設計・製造したのが人工衛星アルエット一号である。ただし、カナダは、独自のロケット発射場は有していなかったので、アルエット一号は、一九六二年九月、ＮＡＳＡによって米カリフォルニア州のヴァンデンバーグ空軍基地から打ち上げられた。軌道に投入されるとただちに電離層観測を開始した。特筆すべきは、設計寿命は一年にもかかわらず、一〇年間にわたりミッションを遂行し、一〇〇万枚以上の電離層の画像を地上に送った。また、一九七二年には、人工衛星アニクＡ－１が打ち上げられ、カナダは静止軌道に通信衛星ネットワークを世界で初めて構築した国となっている。

異文化を受容し尊重する開放性と包摂性は、若い移民国家・カナダの個性だ。海外の人材や資金を取り入れて新しい発見・発明・技術を追求するDNAは、現代に連綿と繋がっている。まず、AIを見てみよう。

1 AI国家戦略

AIのゴッド・ファーザーの警鐘

AIは、二一世紀に生きるわれわれの暮らしと仕事のスタイルを根本的に変えつつある。老若男女、誰もが画像認証機能を有する携帯電話を持ち、キャッシュレスで買い物し、Siriに道順を尋ねる。Netflixが個々人にお勧めの映画情報を提供し、ドローンが時間に合わせて宅配する。ChatGPTが論文まで仕上げる。そんな時代だ。

そして、AIは、岸田文雄総理（当時）が議長を務めた二〇二三年のG7広島サミットでも主要な議題となった。二一世紀の厳しい現実に直面しつつも核軍縮不拡散に向けた明確な意思を確認し、ウクライナ危機、経済安全保障など現在の国際社会が直面する課題に日米英独仏伊加EUの首脳が率直に議論し、首脳コミュニケを発出した。喫緊の課題の一つとして、生成AIについて議論を進める「広島AIプロセス」も発足した。

「広島ＡＩプロセス」とは、Ｇ７の関係閣僚が中心となってＡＩの活用や開発、規制に関する国際ルール作りを推進するための議論の枠組みだ。ＡＩは、創造性や革新性を高めてより良き社会に貢献する一方、偽情報やフェイクニュースの流布、著作権侵害など深刻なリスクも伴う。ＡＩの安全性と信頼性を確保するためのガバナンスが不可欠だ。

Ｇ７首脳が広島でＡＩについて議論している頃、ＡＩの「ゴッド・ファーザー」と呼ばれるトロント大学名誉教授のジェフリー・ヒントン博士もまたＡＩに関して警鐘を鳴らしていた。「ＣｈａｔＧＰＴに代表される、生成ＡＩは、質問を入力するだけで、まるで人間が書いたような文書で回答を作成できる。その解き放たれた高度な技術は人々の暮らしを豊かにする一方で、核戦争並みの脅威になりうる」と。「人類の終わりを意味する可能性がある」とまで述べている。そこまでの警戒心を抱いたきっかけが非常に興味深い。

ヒントン博士がたまたま思いついたジョークをグーグルのＡＩ言語モデル「ＰａＬＭ」に説明するよう指示したところ、そのジョークの面白さを的確に説明できたという。しかも、このＰａＬＭは人間の脳に比べれば、そこまで複雑ではないにもかかわらず、人が一生をかけて獲得する論理性をすでに手にしている。数年以内に人間を凌駕する可能性があると確信したという。

ヒントン博士こそがＡＩの可能性を信じ、革命的進化をもたらした人物だ。ＡＩの光のみならず影をも熟知するがゆえに、警鐘を鳴らす。人生の大半をかけてＡＩ開発に取り組んできたのに何とも言えない皮肉な展開だ。それでも、ヒントン博士のＡＩ研究は、カナダの先端技術研究の奥深さを示す格好の事例だ。

ジェフリー・ヒントン——ＡＩのゴッド・ファーザーへの道

ヒントン博士は、一九四七年、英国ウィンブルドン生まれ。ケンブリッジ大学では、自然科学、美術史、哲学と頻繁に専攻を変えた。好奇心旺盛だったのだ。七〇年に実験心理学で学士号を得て卒業。本当は、心理学を化学や物理学と結びつけて人間の脳の思考回路を研究したかったのに、世界最高峰のケンブリッジにおいてすら、そんな誰も思いもつかぬ構想を提案すると「お前はクレージーだ」と言われ、学問に嫌気がさして、大工になろうと思ったという。ちなみに、今も日曜大工はヒントン博士の大切な趣味だ。

七二年、エジンバラ大学大学院に進み、人間の思考回路を研究。七八年、人工知能で博士号を取得する。しかし、当時の英国では、ヒントン博士が思い描く研究を続けることは叶わない。三一歳の時、米国へ渡り、カリフォルニア大学サンディエゴ校で研究員の職を得る。八二年、三五歳でペンシルベニア州ピッツバーグのカーネギー・メロン大学教授に就任。博士の才能が正当に評価され、順風満帆かに見えた。しかし、八〇〜九〇年代は「ＡＩ冬の時代」だった。短期的な成果を求められる米国での基礎研究は容易ではなかった。その上、ヒントン博士は、ＡＩ研究の助成の大部分が国防費から拠出されていた事実も嫌った。

そこで、八七年、不惑の歳、拠点をトロント大学に移す。ここで、人間の構造をアルゴリズムで再現する機械学習の手法である「ニューラルネットワーク」研究を本格化させる。しかし、当時のＡＩ研究の主流からは完全に外れたものだった。世の注目を浴びることもなかった。が、ヒントン博士は、四半世紀にわたり、ＡＩの革新的飛躍の基礎をつくっていく。

なぜそんなことが可能だったのか？

研究支援を続けたＣＩＦＡＲの功績

「カナダ先端研究機構（ＣＩＦＡＲ：Canadian Institute for Advanced Research）」がその鍵を握る。ＣＩＦＡＲは一九八二年に設立された非営利団体で、カナダ連邦政府や州政府、個人からの出資で運営されている。カナダにおけるＡＩやバイオテクノロジーをはじめとする先端技術の研究を一貫して支援している。前例はなく、注目もされず、利益を生むと保証されている訳でもない未知の領域の探求を支え続けている。未来を変える大発見・発明に繋がる戦略的揺りかごと言える。

ＣＩＦＡＲは、一貫してヒントン博士の研究を支援する。そして、ヒントン博士は、二〇〇四年に、「神経計算と適応知覚」という研究プロジェクトを立ち上げる。膨大な情報処理・演算を高速で行う高性能のコンピュータで自らの構想を実際に試すことができるようになり、研究が進展する。それでも、最先端科学の研究は、きわめて専門性が高く緻密な思考の上に立脚しており、一般には難解極まりない。しかも、研究者の間には、苛烈な競争もあり、斬新な発想は簡単には評価されないのが現実だ。

さらに歳月が流れ、ヒントン博士がトロント大学に移って二五年が経った二〇一二年九月、ついに、その成果が誰の目にも明らかになる。舞台は、物体認識のデータベース「イメージ・ネット」が主催する画像認識技術の世界コンテスト。一〇〇〇万を超える膨大な画像データから、写った対象物を認識する正確性を競うものだ。結果、まったくノーマークだったヒントン教授率いるトロント大学の研究チーム「スーパー・ヴィジョン」が二位以下に圧倒的な差をつけて優勝する。そこで使われたのが上述のニューラルネットワークに基づくアレックス・ネットというソフトだ。これこそ、ディープ・ラーニングあるいはマシーン・ラーニングと呼ばれるAIの圧倒的な可能性を世に知らしめた瞬間である。

チューリング賞、ノーベル賞を受賞

偉大な業績を見るにつけ、何事も一人で達成されたことはない。そこには、常に、チームがある。ヒントン博士の場合、厳寒の時をともに過ごした二人の盟友がいる。

まず、モントリオール大学のヨシュア・ベンジオ教授。一九六四年パリ生まれだが、モントリオールの名門マギル大学で、電気工学の学士、計算機科学の修士、博士号を取得。九三年からモントリオール大学で教鞭を執り始める。やがて、人の脳内にある神経細胞とその繋

がりをコンピュータ内で再現することをめざす。ヒントン博士のニューラルネットワークの研究に魅せられたのだ。「知能」は物理の法則のように、いくつかのシンプルな原理で説明できるというコンセプトが若き天才を刺激した。しかし、ニューラルネットワークは、当時は完全に傍流だ。「論文の掲載を拒否されたときに送られてくる『お悔やみ文』をヒントンやルカンと見せ合っていた時のことを思い出します」とインタビューで述べている。

もう一人が、そのヤン・ルカンで、現在ニューヨーク大学教授だ。一九六〇年、パリ郊外に生まれ、ソルボンヌ大学で計算機科学の博士号を取得。その後、八七年から一年間、ポスドクの博士研究員として、トロント大学のヒントン研究室に所属する。ここでの研究がルカンの未来を決定づける。ＣＩＦＡＲの支援でヒントン博士との共同研究に参画。「畳み込みニューラルネットワーク（ＣＮＮ）」と呼ばれる手法を開発し、深層学習アルゴリズムの性能を向上させた。二〇一三年には、ベンジオ教授と共同で表現学習国際学会（International Conference on Learning Representations）を立ち上げ、ディープ・ラーニングに密接に関わる機械学習についての研究を深化させている。

現在、われわれが日常的に使っている携帯電話の画像認証や自動翻訳なども元を辿れば、ディープ・ラーニング等を進化させた、ヒントン、ベンジオ、ルカンらの研究の賜物だ。

そして、一九年三月、その功績で、三人は、コンピュータ科学のノーベル賞と言われるチューリング賞を共同で受賞。それを機に、三人は「ＡＩのゴッド・ファーザー」と呼ばれる。

三人とも、カナダ生まれではない。活躍の場も、米国のグーグルやメタといった超巨大企業を筆頭に世界を股にかけている。しかし、快進撃は、一二年のイメージ・ネットが主催した画像認識技術の世界コンテストの勝利以降だ。そこに至るまでの雌伏の期間、傍流扱いされ、無視されていた研究を支えたのはカナダだった。苛烈過ぎる競争と短期的収益と計量化が貫徹している米国では、この研究は無理だったとも言われている。三人の長年にわたる地道な研究は、カナダでこそ実を結んだのだった。

そして、二四年一〇月、ヒントン教授はノーベル物理学賞を受賞した。早朝からカナダのトップニュースだった。実は、筆者は、たまたまこの日トロント大学国際関係大学院で講演する機会があった。教授たちも学生らも誇らしげであった。受賞の翌日にカナダの代表的な新聞グローブ&メールのデビッド・ワルムスレイ編集長と懇談した。同編集長は「一九二一年のインシュリン発見による受賞以来、カナダにとって最もインパクトのある受賞だと思います。最先端研究におけるカナダの底力を世界に示しました」と語った。同時に、「研究の成果をビジネスに繋げる技量に関して米国は圧倒的です。グーグルはヒントン教授に非常に寛大な研究環境を与え、結果大きな利益を得たのですから」と述べた。カナダの最大の課題は、ビジネスに繋ぐイノベーション力の強化だ。今後の展開に注目したい。

実は、ＡＩという発想はすでに一九五〇年代には提唱されていた。だが、現代のようにＡＩが飛躍的に発展し社会の隅々にまで及ぶようになった革新的要因は、ヒントン博士を筆頭とするディープ・ラーニング研究だ。しかし、ヒントン博士が設立したカナダのスタートアップ企業ＤＮＮリサーチ社はグーグルに買収された。最先端の研究がビッグビジネスに繋がる大きな潜在力を持つことは明白だ。競争は激しい。

そこで、二〇一七年三月、カナダは、ＡＩに関する国家戦略「汎カナダＡＩ戦略（Pan-Canadian AI Strategy）」を打ち出す。連邦政府はＣＩＦＡＲに対し一億二五〇〇万加ドルを投入し、トロント大学、モントリオール大学、アルバータ大学と連携してＡＩ開発を加速させる。狙いは次の四つだ。

①カナダにおいて、優れたＡＩ研究を担う技術者、卒業生、大学院生を増やす。

②トロント・ウォータールー回廊（イノベーションを担う多数の企業が集まるトロントとウォータールーを結ぶ地域）、モントリオール、エドモントンにある主要なＡＩ研究所の連携と協働の基盤を強化して科学的に卓越した相互連結点をつくる。

③ＡＩ発展における経済、倫理、政策、法的影響に関するグローバルなリーダーシップを構築する。

④ＡＩに関するカナダ国内の研究コミュニティーを支援する。

このＡＩ国家戦略を打ち出して以来、カナダのＡＩ研究は、自動運転、気候変動、健康分野で一層の発展を遂げ、ベンチャーキャピタルによる大規模な投資も活発に行われている。一七～一九年の間で、AIを含むICT（情報通信技術）分野のカナダへの外国直接投資は約五〇％増加したとの統計もある。その結果、多数のスタートアップ企業が、トロント・ウォータールー回廊、モントリオール、エドモントンに集積している。米国カリフォルニアのシリコンバレーに匹敵する程のAIスーパークラスターが形成されている。

そして、二二年六月、カナダ政府は、第二期汎カナダAI戦略を打ち出した。資金投入額は、第一期からほぼ四倍増の四億四三〇〇万加ドル以上を見込む。世界水準の人材を確保し、先端の研究能力を用いて、国内でビジネスに結びつける狙いだ。

実は、この第二期戦略は、北米最大級のハイテク国際見本市「コリジョン」の中で、シャンパーニュ産業大臣が発表した。政府として、商業化への奨励と責任あるAI開発支援に本気で取り組み、世界のリーダーたらんとする姿勢を示すものだ。

コリジョンは、AIが飛躍的発展を遂げ始めた一四年に始まった。当初は米国で開催されていたが、一九年以降は、カナダ政府が誘致し、トロントで開催されている。二三年は、三日間の開催期間中、世界一一八ヶ国から八六五人の投資家、一四九七社のスタートアップ企業、一四二六人の演説・講演者に世界の主要メディアを含む三万六三七八人が参加。グーグルやアマゾンなどパートナー企業二三〇社がブースを出展した。多くの商談が行われ、次世代のビジネスが芽生える場だ。と同時に、雇用喪失、戦闘ロボットなどAIの弊害についても活発な議論が行われ、講演も盛況だった。今や、ＡＩは、科学技術、ビジネスのみならず、安全保障に直結し、倫理、政治のリーダーシップの問題でもある。ヒントン博士のお膝元トロントが、ＡＩをめぐる世界の潮流の発信地となっているのだ。

2　量子を制する者が世界を制す

量子技術を先駆けるカナダ

現代物理学は、二つの根本的な原理の上に成立している。一つが、アインシュタインの相対性理論だ。もう一つが、マックス・プランクが基礎を築き、ニールス・ボーアが確立した量子力学。そんな話は象牙の塔や実験施設にこもる学者たちによる机上の空論、という先入観は捨てなければならない。なぜなら、薬や新素材の開発、さらには金融のシミュレーションなどで量子技術が二一世紀の帰趨を決める巨大な潜在力を持つことが分かってきたからだ。

二〇一九年一〇月、英国の科学雑誌『ネイチャー』に掲載された、大手ＩＴ企業グーグルの研究チームによる量子コンピュータの論文が世界に衝撃を与えた。現在のスーパーコンピュータで一万年かかる超難解な問題を量子コンピュータが三分二〇秒で解いた、というのだ。

従来のコンピュータでは、情報処理の単位であるビットは「〇」か「一」のどちらかの値を取り、その連続する情報を処理する。これに対し、量子コンピュータでは、基本単位である量子ビットは「同時に『〇』にも『一』にもなる」という量子力学的な「重ね合わせ（superposition）」や「量子もつれ（quantum entanglement）」と呼ばれる量子の特性を利用する。それによって、膨大な量の演算を同時にかつ高速にこなすことが可能になるのだ。

量子技術の研究開発には、各国政府、企業がしのぎを削る。グーグル、IBM、アマゾンら米国勢が開発を主導し、中国勢も急ピッチで技術力を高めている。日本はNECが初期の研究で先駆的な成果を残した。二三年三月には、国産初の量子コンピュータ「叡」が理化学研究所で稼働し始めた。

実は、カナダは、量子技術の分野でも、世界に先駆ける取り組みを見せている。

今や、科学雑誌のみならずビジネス誌、新聞、ネットニュースなどでも、量子コンピュータに関する記事は非常に多いのだが、遡れば一九八五年、ノーベル物理学賞も受賞した米国のリチャード・ファインマン教授が量子コンピュータを予言した最初の論文を発表したことに端を発するとされている。

しかし実は、ファインマン教授の予言の前年、八四年にモントリオール大学のジル・ブラッサール教授は、IBMのチャールズ・ベネット博士と共同で、世界初の量子暗号プロトコール「BB84」を提案する論文を発表していたのだ。ここからカナダの量子技術研究が始まる。

そして、世界で初めて商業化された量子コンピュータを製造・販売した会社こそが、カナダのスタートアップ企業Ｄ‐Ｗａｖｅだ。

Ｄ‐Ｗａｖｅによる世界初の量子コンピュータ開発

Ｄ‐Ｗａｖｅの創世記は、かつてアップルやソニーやグーグルやホンダやナイキがそうだったように、貧しく無名な若者が、誰も思いつかない新しいアイデアを、立ちはだかる苦難に怯むことなく野心と愛情を持って実現していく、心を震わせる物語だ。

時は一九九〇年代。カナダ太平洋岸の名門ブリティッシュ・コロンビア大学（ＵＢＣ）で理論物理学の博士課程に在籍する一人の若者がいた。名をジョーディー・ローズという。学者夫婦の家庭に誕生し、カナダ東部オンタリオ州の片田舎で育つ。明晰な頭脳のみならず、恵まれた体格でレスリングでも頭角を現し、二度のカナダ・チャンピオンに輝き、オリンピック強化選手にも選ばれた経歴を持つ。

そのローズ青年は、学問の世界に自分の居場所は見つけられない。一方、レスリングで鍛えた粘り強さや不屈の精神は、起業家に向いていると感じていた。そんな時、ＮＡＳＡの科学者コリン・ウィリアムズが書いた「量子計算の探究」を読み、衝撃を受ける。当時、世の常識は、量子コンピュータは理屈の上の存在で実現不可能というものだった。しかし、ローズ青年は、それを実現し販売できると直感する。

そこで、ローズは、ＵＢＣビジネス・スクールの出資を得るべく、量子コンピュータの潜在的な商業的価値と技術的な可能性を強調し、量子技術が将来の計算能力に革命をもたらす可能性を説明。ハイグ・ファリス教授が関心を示し、まず四〇〇〇ドルを提供。この資金で、ビジネスプランを作成するためのコンピュータとプリンターを購入し、投資家に対するリスクを最小限に抑えた戦略と計画、シナリオを作成する。

そして、投資家たちに対し、ビジネス面と技術面の双方から量子技術の将来ヴィジョンを提示し、一〇万ドルの出資を受けることに成功。UBCの同僚と四人で、D-Waveを設立。社名は、量子力学における物質の振る舞いを記述する数学的フレームワークに由来する。

D-Waveは、UBCのレンタル・ラボにこもり、量子コンピュータ製作に取り組む。当時、量子コンピュータをめざした科学者の主流は「ゲート方式」を採用していた。この方式だと汎用性は高くなるが、周辺の環境に左右されやすく量子状態が簡単に壊れるという問題があった。D-Wave開発チームは、東京工業大学（現東京科学大学）の西森秀稔教授らが提唱した理論に基づく「アニーリング方式」に着目。この方式では、汎用性はないものの特定の計算問題の最適解に優れ、かつ量子状態が壊れにくいという特性があるのだ。

開発チームは、アニーリング方式に舵を切り、開発を加速。試行錯誤を経て、二〇〇七年二月、「オリオン」と命名したプロトタイプを披露する。一一年五月には、一二八量子ビット搭載の世界初の商品化された量子コンピュータD-Wave Oneを発表した。

これに関心を示したのが、世界最大手の航空宇宙・国防企業ロッキード・マーチン社だった。当時、飛行制御システムに関する厄介な問題と格闘していたのだ。一〇〇〇万ドル（一五億円）でリース契約を結び、コンピュータ自体は、ロサンゼルス郊外の南カリフォルニア大学の研究室に設置した。すると、世界中から科学者が殺到したという。

翌一二年には、ハーバード大学の研究チームが「タンパク質フォールディング」と呼ばれるタンパク質の三次元構造の形成に関する難問をＤ‐Ｗａｖｅ Ｏｎｅで解明した。

一方、量子力学やコンピュータ科学の学者はＤ‐Ｗａｖｅ Ｏｎｅは本物の量子コンピュータであるのかどうか疑問視した。時の権威が革新的なものに対し懐疑的なのは世の常だ。そこで、一三年春には、Ｄ‐Ｗａｖｅの量子コンピュータとＩＢＭの通常コンピュータに、数学的に難易度の高い同じ問題を解かせるという公開実験が行われた。三つの問題のうち二つでは速度と精度ともに、Ｄ‐ＷａｖｅとＩＢＭは互角だった。しかし、最も難しい問題では、ＩＢＭの通常コンピュータが三〇分を要したのに対し、Ｄ‐Ｗａｖｅの量子コンピュータは、〇・五秒で解いたのだ。三六〇〇倍のスピードだ。

一三年五月には、ＮＡＳＡ、グーグル、ＵＳＲＡ（大学宇宙研究協会）が、Ｄ‐Ｗａｖｅ Ｔｗｏを購入して、量子人工知能研究所を設立すると発表した。さらに、ロスアラモス国立研究所、オークリッジ国立研究所などの世界屈指の先進的組織で使用されている。

日本では、リクルートコミュニケーションズ、豊田通商、デンソー、東北大学、早稲田大学が顧客になっている。

ザナドゥ社とフォトニック社

さらに二つのカナダのスタートアップ企業、ザナドゥ社（Xanadu）とフォトニック社（Photonic）に注目が集まっている。

ザナドゥ社は、カナダ東部オンタリオ州のトロントを拠点として、二〇一六年に設立された。特に、光量子コンピュータに関して、世界最先端にある。

従来の量子コンピュータでは、量子が熱や周辺環境で影響を受けるため、超伝導などで冷却し外部環境から隔離することが大きな課題だった。前述のゲート方式とアニーリング方式も基本は同じだ。しかし、光に冷却は不要だ。日常的な環境で使える。また、光は空間を高速で移動する特性を持ち情報通信網を構築できる。しかも光の周波数は高いので大量の情報を乗せて高速に処理できる。

ザナドゥ社は、現在、総額二億七五〇〇万加ドルを調達し、世界初の光量子による耐障害性量子コンピュータの構築・商業化に取り組んでいる。カナダ政府もこの取り組みを積極的に支援している。

二三年一月、トルドー首相は、記者会見で「量子技術は、われわれが知っている世界を変えつつある。ヘルスケア、金融、気象学などの主要分野における難題を解決する可能性を秘めている」と述べ、ザナドゥ社への四〇〇〇万加ドルの出資を表明した。

これを受けて、同社のウィードブルック最高経営責任者は次のように語った。

「われわれはカナダの企業であることを誇りに思う。今回の政府の出資により、世界中の人々が利用できる、人々の役に立つ量子コンピュータを作るというわれわれの使命が次の段階に入ったことを嬉しく思う」

フォトニック社は、一六年にバンクーバーで起業した。量子コンピュータに関し、まったく新しいアプローチを取っていることで注目を集める。それは、光でネットワーク化されたシリコンチップを使用して量子コンピュータを構築するというものだ。

二〇年前から量子コンピュータへの出資機会を探ってきた欧米の機関投資家たちが、同社について、これまで見てきた中で初めて、短期間でスケールアップし、フル・プラットフォーム化し得る可能性を持つと認識。二三年一一月、フォトニック社への一億ドルの出資を決めた。合わせて、マイクロソフト社との連携も発表。今後の進展が期待される。

このフォトニック社を創設し、革命的な技術開発を牽引しているのが、カナダ西海岸ＢＣ州の名門サイモン・フレイザー大学のステファニー・シモンズ准教授だ。カナダ東部オンタリオ州で育ち、名門ウォータールー大学で数学と物理を学んだ、三九歳の俊英である。

国家量子戦略

実は、カナダ政府は、量子技術産業育成のため、過去一〇年で一〇億加ドル以上の支援を行っている。D-Waveやザナドゥ社は、その賜物とも言える。二〇一九年には、カナダで量子技術を開発する最有力二四社が「カナダ量子産業協会（Quantum Industry Canada）」を設立。民間企業も結束して、量子分野におけるカナダの競争力の維持・強化に乗り出した。

このような状況を踏まえ、二三年一月、政府は「国家量子戦略」を発表した。その骨子は、七年間で総額三億六〇〇〇万加ドルの国家予算をもって、量子技術の開発・実用化・商業化を促進するというものだ。優先するのは、①量子計算機のハードウェアとソフトウェア、②量子通信（量子通信ネットワーク、量子暗号）、③量子センサー技術の三分野だ。その上で、それぞれの分野の研究開発、人材育成、商業化のために予算を配分し、投資を進めるという包括的なものだ。

最先端の研究を効果的に支援するため、専門の四つの機関を通じて資金が提供される仕組みだ。ここには、AIにおいて大きな役割を果したCIFARも含まれている。

さらに、日進月歩で進化している量子技術に的確に対応し、世界に先駆ける観点から、専門家の知見と助言を提供する独立した「量子諮問委員会」も設置された。共同議長には、ウォータールー大学物理・天文学科教授のレイモンド・ラフラム教授と、先述したフォトニック社の創設者にしてサイモン・フレイザー大学物理学科のステファニー・シモンズ准教授が就任した。

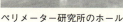

クォンタムバレー

いかなる国であれ、国家の未来がかかる重要な政策を打ち出す時には、どこで発表するかが大きな意味を持つ。象徴的な場所というだけでなく、そこにはメッセージが込められている。カナダの国家量子戦略の場合は、トロント・ウォータールー回廊の量子研究の要であるペリメーター理論物理学研究所（以下、ペリメーター研究所）で発表された。

ペリメーター研究所のホール

ペリメーター研究所は、今や、ニューヨーク、ロサンゼルスに次ぐ北米第三位の大都市トロント圏の学術研究都市ウォータールーに広大なキャンパスを構えている。周辺には、ＡＩと量子に関する研究施設とスタートアップ企業が集積している。一九九九年に設立された新しい研究所だが、年々拡充されている。二〇一一年には、五〇〇〇平方メートルのスティーヴン・ホーキング・センターが開設された。筆者が研究所を訪れた際に、ロバート・マイヤーズ所長は、「ホーキング博士が、彼の名前を冠することを許した世界で唯一の施設です」と胸を張って、研究水準の高さについて言及したのが印象的だった。

ペリメーター研究所では、量子から宇宙までを研究し、わわれわれの存在の根源を解き明かそうという目標を掲げている。最先端の理論物理学の九分野に特化しているが、そのうち四つが量子関係だ。

特筆すべきは、同研究所は、起業家マイク・ラザリディス博士が一億加ドルの私財を投じて設立されたという点だ。ラザリディスと言えば、オバマ大統領（当時）も愛用していたブラックベリーの発明者であり経営者だ。ブラックベリーは、アップル・iPhoneに先立ち、革命的な通信機器として一世を風靡した。そのラザリディスが、ブラックベリーが隆盛をきわめていた時期に、次を見据えて設立したのがペリメーター研究所だ。そして、その核心にあったのが量子だった。量子技術こそが二一世紀の鍵を握ると確信していたのだ。

この関連で、非常に興味深いのが、最近では、トロント・ウォータールー回廊のニックネームとして「クォンタムバレー」という言葉が使われ始めたということだ。直接のきっかけは、ラザリディス博士が設立したベンチャーファンド「クォンタムバレー・インベストメント」の名前に由来する。振り返れば、一九五〇年代、カリフォルニア州サンフランシスコ湾岸周辺のサンタクララ・パロアルトなどの地域で、トランジスターや集積回路の技術革新が起こり、シリコン製品の技術者・製造業者が集まり、やがて半導体産業も勃興して「シリコンバレー」と呼ばれるに至った。まさに、かつてサンフランシスコ周辺で起こった革新が、今、トロント・ウォータールー地域で始まっている。二〇世紀の核心がシリコン（＝半導体）だったとすると、二一世紀はクォンタム（＝量子）ということだ。

量子技術は、巨大な可能性を秘めている。まだまだ発展途上だが、量子コンピュータは、徐々に実用化され始めている。その恩恵は、プライバシー保護、金融、ヘルスケア、気象予想、エンターテインメントなどさまざまな分野に及ぶ。

一方、量子コンピュータの課題も明らかになってきた。膨大な費用の問題もあり、ビジネスモデルは未だ確立されているとは言い難い。あるいは、国家安全保障にも影響を与える可能性が指摘されている。特に、現在の暗号が量子コンピュータによって解読される場合、大きな脅威になる。それでも、課題が明らかになれば、その解決のために新しいアイデアが生まれる。例えば、クォンタムバレーのスタートアップ企業「ＩＳＡＲＡ」は、現在の暗号を量子コンピュータから防御するサービスを開始した。

最新の試算によれば、二〇四五年までに、カナダの量子産業は市場規模一三九〇億加ドル（約一四兆円）に成長し、二〇万人以上の雇用を生むと見込まれている。

量子技術の分野は、カナダの新しい顔だ。

3　最先端技術をビジネスへ

インスリンの教訓

科学技術の分野におけるカナダの先進性を示す事例は多い。しかし、最先端の科学技術があるからといって、ビジネスの成功に結びつくとは限らない。科学とビジネスの関係で苦い教訓を与えているのが、糖尿病の特効薬インスリンだ。

インスリンは、一九二一年、トロント大学医学部のフレデリック・バンティング教授とジョン・マクラウド教授によって発見された。

遡れば、一八六九年、ドイツ・ベルリン大学の医学生、パウル・ランゲルハンスは、膵臓に小さな細胞群(後に、ランゲルハンス島と呼ばれる)を発見し、この細胞群が消化に関わる大きな役割を果たすと主張。一八八九年に、リトアニア出身のドイツの内科医ミンコフスキーとメーリングが膵臓と糖尿病の関係を実証。一九〇一年になって、米国の病理学者オピーがランゲルハンス島と糖尿病の関係を解明する。世界中の科学者が、研究と実験を繰り返し、糖尿病に関わるメカニズムの解明に挑むこと二〇年。インスリンがカナダ人学者によって初めて発見された。

一九二二年一月、バンティング教授自身がトロント総合病院において、一四歳の患者にインスリンを投与した。世界初の人間へのインスリン投与であった。実は、この段階では、精製方法が未熟で、しかも適切な投与量が分かっていなかったため、患者は激しいアレルギー反応を示し、投与を中止した。投与量の改善と抽出技術を改善し、一二日後からインスリン投与を再開すると、糖尿病の症状を除去することに成功。快挙だ。糖尿病患者への朗報であり、医学の進歩を記す画期的な出来事であった。建国から五四年の若き自治領カナダにとって、世界に誇る成果だった。

　これを受け、同年四月、トロント大学内では、インスリンの発見とその効用について特許申請すべしとの意見が湧き上がる。現在の常識では当たり前だ。しかし、インスリン発見と治療の最大の功労者バンティング教授は、医学に関連する発見や発明は特許とすべきではなく、医者は特許に係わるべきでないと主張する。バンティング教授は、糖尿病で苦しむ世界中の人に使ってほしいとの願いを込めて、一加ドルで特許をトロント大学に譲渡する。その際の合意文書には、「誰がインスリンを作ろうと自由であるが、利益を得るために独占権を得ることは許されない」と記されている。バンティング教授の医師としての矜持だった。

　しかし、企業は、そこにビジネスチャンスがあれば、放置しない。動きは早かった。翌五月には、米国の製薬会社イーライリリー社は、トロント大学と折衝し特許料を払い、インスリン製造を始める。バンティング教授の思いを尊重し、最初は無料で患者に提供する。やがて、原価を請求して提供する。そして、一一月には、技術革新に成功し、その抽出技術で同社は独自の特許を取得。この後、インスリンはイーライリリー社の経営の屋台骨となり、やがて、世界に冠たる製薬会社へと成長していく。

　翌二三年のノーベル生理学・医学賞がバンティング教授とマクラウド教授に授与された。発明・インスリン発見の名声はカナダに与えられた。が、商業化は米国に持っていかれた。発明・発見をビジネスの成功に繋げるには、そのための能力と仕組み・方策が不可欠なのだ。

インスリンが発見されたトロント総合病院の当時の建物は今も保存され、関連する器具・写真・記録・書類が展示されている。カナダのイノベーションの原点だ。隣接して、近代的な高層複合施設がそびえる。そこには、最先端技術をビジネスへと結びつける組織「マーズ（MaRS）」がある。ここには、「失敗」は繰り返さないとの密かな決意が滲んでいる。

スタートアップを支援するMaRS

MaRSと聞くと、一瞬、火星かと思うが、Medical and Related Sciencesの頭文字だ。新しい地平を連想させる良い響き。正式名称は、MaRS Discovery District。医療、健康、環境、エネルギー、工学、情報技術などの分野のスタートアップ企業を支援し、イノベーションを推進する「場所」を提供する組織として二〇〇〇年に設立された。今や、北米最大級の都市型イノベーションハブだ。大都市トロントの中心街に位置し、多数の有望なスタートアップ企業に対し、事務室あるいは高性能のワークスペースを廉価で貸し出し、商談の機会のアレンジ、関連情報の提供など実践的なサポートを行っている。

スタートアップ各社は、MaRSを拠点に、自らの最新技術や発見の商業化に取り組んでいる。最大の特徴は、トロント大学のキャンパスに隣接し、研究機関、病院、金融機関、オンタリオ州政府などスタートアップ企業の成長に必須な関係諸機関から徒歩圏内にあることだ。最先端技術とビジネスの架け橋の役割を担っている。

筆者は二三年八月、ＭａＲＳのＣＥＯヤン・ウー氏（当時）と面談の機会を得た。ウー氏は「ＭａＲＳがこれまで支援したスタートアップ企業は一四〇〇社を超えています。その雇用は三万三〇〇〇人を超えます」と述べ、ＭａＲＳの果たす役割に胸を張った。

カナダに限らず、米国でも日本でも、才能と野心にあふれた若き起業家が、新しい発明・発見、斬新なアイデアを持ってスタートアップ企業を立ち上げる。だが、現実は厳しい。生き残り、ビッグビジネスへと成長することは、万に一つの僥倖だ。もちろん、成功すれば、世の中を変える程のインパクトを社会に与え、富と名声を手中に収め得る。

MaRSのヤン・ウー CEO（当時・左）と筆者

その確率について、ウー氏は次のように語る。

「一般的に言えば、スタートアップ企業がその分野を牽引する会社になる確率は、〇・六％程度です。ごく一部の企業しか成功できない非常に厳しい世界です。しかし、ＭａＲＳが支援しているスタートアップ企業の場合は、関連組織・団体からもさまざまな支援を受けて、一般の場合の約八倍の四・八％です。この数字は悪くありません」

そして、スタートアップ企業にしてみれば、ＭａＲＳ

の眼鏡に適えば、成功への道に一歩近づくことを意味する。数多くのスタートアップ企業がMaRSの門を叩く訳だが、入居を勝ち得るには三つの要素で抜きん出た可能性を示さなければならない。

第一に、模倣ではない独自の技術・発見であり、先進的であるか否か。

第二に、その技術・発見が商業化されることで十分に大きな市場が生まれるか否か。

第三に、優れた人材を有し、リーダーシップとチームワークで難局を克服し得るか否か。

申請してくる企業をしっかりと評価して合否を決めるために、面接も行っているという。

そうして、選ばれたスタートアップ企業だけが入居を許され、さまざまな支援も得る。MaRSの支援を得て羽ばたき成功した企業は多い。例えば、ブロックチェーンを使った分散型のプラットフォームで、日本でも金融サービスを提供するイーサリアム財団。ウェアラブルの分野で、独自の技術によって普通の眼鏡そっくりなスマートグラス「Focals」を生んだノース社。実は、同社はグーグルに買収されたが、それだけ潜在力があるという証左とも言える。健康管理や保健関連のテクノロジーで、個別の企業向けにカスタマイズされた健康ソリューションを提供するリーグ社などがある。

科学技術こそ、中長期的には経済から安全保障まで国力を規定する最重要の要素だ。ゆえに、海のものとも山のものとも分からない超最先端の技術・発見を持つスタートアップ企業から、将来のビジネスに結びつく有望な企業を見抜く眼力、それを育てる胆力が国の未来を決めるとも言える。これこそＭａＲＳが果たしている役割だ。一〇〇余年前のインスリンの苦い教訓は活かされつつあるのだ。

ＡＩを推進するベクター研究所

ＭａＲＳに加えて、もう一つ、科学技術をビジネスに結びつけるきわめて戦略的な組織がある。カレッジ・ストリートを挟んだＭａＲＳの向かい側に、最新の一〇階建のハイテクビルを擁するベクター研究所だ。

ここは、カナダ政府の「汎カナダＡＩ戦略」を実践するために二〇一七年三月に設立された国立のＡＩ研究所である。設立メンバーの一人が、「ＡＩのゴッド・ファーザー」ジェフリー・ヒントン博士。運営資金は、連邦政府、オンタリオ州政府、そして産業界が出資している。目的は、世界最高レベルのＡＩ研究を推進することによって、科学技術とビジネスを繋げることだ。具体的に言えば、最先端の研究を通じて世界トップレベルの人材をトロントに招き、合わせて優れた人材を育成し、その人材をカナダ国内に留め、ＡＩ分野の事業拡大をめざす企業からの投資を誘致するということだ。

人材という面では、ＡＩの核心である機械学習やディープ・ラーニングを牽引する四〇〇人以上の研究者が所属している。さらに、ベクター研究所が認定したトレーニングプログラムを卒業した八〇〇人以上の学生が在籍する。また、トロント大学とウォータールー大学が主要なパートナーとなって連携。ベクター研究所の履修証明書は、有力企業就職に際して大きな威力を示すという。

ビジネスとの関係では、内外の約三〇〇社との間で共同プロジェクトが進行中だ。トヨタやテスラなど巨大企業のみならず多数のスタートアップ企業と連携している。主に四つの分野で、最先端のＡＩ技術を活用した研究・開発が行われている。交通・自動車、医療・健康、金融、そして消費者サービスだ。例えば、自動運転技術に関しては、自動車メーカーとテクノロジー企業とベクター研究所がそれぞれの専門性を持ち寄って、ＡＩ技術やセンサー技術を活用して安全性や効率性の向上に取り組んでいる。

さらに、企業にとっては、昨今大きな話題を集めている生成ＡＩにいかに向き合うかが重要な課題になっている。生成ＡＩは、日常生活に多くの利点をもたらす一方、プライバシーの侵害や差別の助長、フェイクニュースなどの深刻な問題点も指摘されている。前述の通り、Ｇ７広島サミットの主要議題の一つであり、ヒントン博士の警告もある。そこで、ベクター研究所は、「ＡＩの信頼と安全性に関する原則」を二三年六月に発表した。ＡＩシステムが倫理的かつ責任ある方法で設計され、使用されるために、①責任と透明性、②公正性と公平性、③プライバシーとセキュリティー、④信頼性と正確性を指摘している。注目すべきは、ベクター研究所が共同プロジェクトなどパートナーシップを組む企業とともに、これらの原則を実行しようとしている点だ。科学・技術とビジネスの連携が、単なる利潤の追求だけではないことを示している。

高度人材が集積するエコシステム

ＭａＲＳやベクター研究所は、カナダにおける先端研究分野の画期的な組織であり、日本企業も注目している。未来に大輪の花を咲かす未知の技術や発見の種を持つスタートアップ企業を見出し育てることは、将来の国力を決する最も重要な課題だ。世界中の国が官民あげて高い優先度を持って取り組んでいる。

そこで、目を世界に転じよう。世界の都市別「グローバル・スタートアップ・エコシステム・ランキング」が現状を示す。このランキングは、米国の調査会社スタートアップ・ゲノム社と、起業家と起業家支援組織を繋ぐ「ＧＥＮ（グローバル・アントレプレナーシップ・ネットワーク）」が発表している。世界各国にある約三五〇万社の企業データに基づき、約二九〇の主要都市の企業環境を、業績、資金調達、接続度、市場リーチ、知識、人材・経験の六項目について各一〇点、合計六〇点満点で採点したものだ。一位はシリコンバレー、二位はニューヨークとロンドン、四位はロサンゼルスと続く。アジア勢は北京が七位、シンガポール八位、上海九位、ソウル一二位、東京は一五位だ。

カナダ勢は、トップ一〇には入っていないが、トロント・ウォータールー回廊が一七位、バンクーバー三〇位、モントリオール四〇位と、トップ四〇には、三都市圏が入っている

（日本は東京だけ）。付言すると、トロントはフィンテック（金融と情報技術の融合）の分野では世界七位にランクされている。

スタートアップ企業を育むエコシステムについて、優秀な人材の確保はきわめて重要だ。この関連では、米国の商業不動産サービス企業CBREが毎年発表している、北米市場（米国とカナダ）の技術系人材集積の都市別ランキングが注目される。二〇二四年版は、一位サンフランシスコ・ベイエリア、二位シアトル、三位ニューヨーク、そして四位がトロントだ。以下、オースティン、ワシントンDC、ボストン、デンバー、ダラス・フォートワースと続き五〇都市がリストされている。カナダ勢は、オタワ一〇位、バンクーバー一一位、モントリオール一五位、ウォータール一地域一八位、カルガリー二〇位、ケベック・シティー四〇位、エドモントン四九位と、合計八都市がランクインしている。米国の人口が三億三〇〇〇万人という点を考慮すれば、人口四一〇〇万人のカナダは健闘していると言えよう。

しかも一七年から二二年までの五年間で、技術系人材の増加が最も大きかったのがサンフランシスコ・ベイエリアの七万五〇二〇人増だが、二位はトロントの六万三八〇〇人増、三位がモントリオールの五万一五〇〇人増だ。人材が集積するのは、そこに資金があり、市場があり、成功体験があるからに他ならない。苛烈な競争が繰り広げられる中、技術をビジネスへ戦略的に結びつける試みは実を結びつつあると言える。

富士通とトロント大学の戦略的連携

それでは、実際にカナダに進出した日本企業の例を見てみよう。

二〇一七年九月、富士通研究所とトロント大学は、戦略的パートナーシップを締結した。そして、富士通研究所は、量子コンピューティングを中核とする革新的技術の研究開発を強化するために、新たな研究拠点をトロントに設立すると発表した。先端分野でのトロントのエコシステムを評価した上での動きだ。ＡＩ、量子などの先端分野の研究が精力的に行われており人材が豊富である。また、ＭａＲＳを通じてスタートアップ企業との連携も視野に入る。金融、医療など産業の基盤も強固である。さらに、連邦政府、州政府ともに積極的に企業を誘致し、産学連携を後押ししている。

そして、ここからの富士通の動きは早かった。翌一八年一一月には、新会社「富士通インテリジェンス・テクノロジー（ＦＩＴ）」をカナダ西海岸のバンクーバーに設立。富士通全体のＡＩ関連ビジネスを統括しグローバルに展開するための事業を開始した。

富士通といえば、ＡＩ関連特許公開件数は日本一だ。スーパーコンピュータ「富岳」にも参画し、世界最速クラスのコンピューティング技術を持つ。海外の研究拠点は、カリフォルニア州サンタクララ、トロント、北京、上海、インドのバンガロール、イスラエルのテルアビブ、スペインのマドリード、そして英国ロンドンと八ヶ所に展開する。日本の代表的企業だ。これまでは、日本を起点として、アジア、オセアニア、南北アメリカ、欧州・中東・アフリカの地域ごとでAIビジネスを実施していた。

その富士通が、AI事業全体の戦略を策定し、商品・サービスをグローバルに展開する拠点をカナダに設立したということだ。その理由こそ、カナダのエコシステムの優位性だ。

FITの藤森慶太CEOが日本貿易振興機構トロント事務所のインタビューで、五つの利点やメリットを指摘している。企業経営の観点からの率直なコメントがビジネスの現場の本音を示していて、実に興味深い。

「最大のメリットは、非常に優秀な人材を見つけやすいということだ。正規社員のみならず、フリーランスや研究者などの人材も非常に優秀な方が多い」

「もう一つ、カナダのエコシステムの特徴は、政府や自治体などのサポート・プログラムが充実しており数多く提供されている。これらのプログラムにより、カナダ全体を通じて優秀な人材が獲得しやすい。同時に、大学とのコネクションも作りやすく、先端技術獲得や新しいタイプのプロジェクトを遂行するために研究機関との連携も調整しやすい」

「そして、そのような優秀な人材の獲得と維持のためのコスト（人件費）が、相対的に安いことは重要。隣の米国の主要都市と比べても、優秀さや能力に関して引けを取らないが、人件費は平均して三割は安い。また、個々人の企業へのロイヤリティー（忠誠）も比較的高いことは、事業運営の観点では大切なことである」

「隣にある米国との対比として感じるのは、カナダはFITが関与するビジネス領域においいて、米国ほど熾烈な競争環境にないという点。米国の場合、どんなプロジェクトや新規技術でも、あっという間に劇的な競争状況になることが多い。一方、カナダは人口規模からしても国の特性からしても、米国ほど過酷な競争環境になることはあまり多くない。結果としても、いろいろと試しやすく展開しやすい状況がある」

「総じて、カナダに事業拠点を持つことによるメリットは、世界最大の米国市場のすぐ隣であること（米国へのアクセスがしやすいこと）、同一の言語（英語）を使えること、そして優秀な人材が素晴らしいコストで雇えるところにある。このようなメリットを持つ国・都市はなかなか見つからない」

半世紀の時を刻む日加両国政府の協力

日本政府もまた、カナダの持つ科学技術分野の実力には、早くから注目している。国土が狭隘で天然資源に乏しい日本は、科学技術に活路を見出す他ない。科学技術に携わる者は、本能的に「三人寄れば文殊の知恵」の利点を知悉しており、日本は、主要国と科学技術協力協定を結び、活動の形態や政府間協議の枠組み、協力の成果に関する知的所有権の扱いについて意見を交わし、情報交換、研究者交流、共同研究を進めてきた。

カナダとの科学技術協力は、半世紀以上前の一九七二年に遡る。この年、カナダ科学技術協力協定使節団が来日。その成果として、日加科学技術協議が設置され、共同声明に盛り込まれた。二年に一度の頻度で八四年までに六回の会合が開催された。そして、その実績を踏まえて、八六年五月、日加科学技術協力協定の署名・発効に至る。この協定を土台として、両国間の協力や交流は官民両セクターにまたがって非常に多岐にわたり、多様な形で進行してきている。

直近の会議は二〇二四年五月、東京にてハイブリッド方式で開催。オンライン参加者も含め有益な会合であった。核心的論点は、イノベーション協力。要するに、日本もカナダも技術・人材はあっても、それらをビジネスに展開していく能力に課題があるとの認識が共有され、日加の共同イノベーション・メカニズムや双方の拠出機会について議論が深まった。両国の産官学がハイテク分野で緊密に協力していくことで一致。特に、エネルギー、極地、宇宙、ライフサイエンス、半導体、ナノテクノロジー、AI、量子技術、環境といった革新的分野での協力の重要性と可能性が強調されている。

この関連で、科学技術研究を主導するカナダ国立研究機構（NRC：National Research Council Canada）について付言したい。NRCは、第一次世界大戦中の一九一六年に設立されて、一〇〇年を超える歴史を持つ。研究促進のファンディング機関にして、自らも研究所と研究者を抱え、内外の企業や大学との共同研究も進める。ハイテク大国カナダの要だ。

筆者は、NRC理事長イアン・スチュワート氏と有益な話し合いの機会を何度も得た。同理事長は、二二年四月、新型コロナ後の最初の外国訪問先として日本を選択したが、この点について、「ＮＲＣとして、日本オフィスも立ち上げています。今後の協力を進展させる最優先国を英国、ドイツ、そして日本と決めています」と述べたのが印象的だった。

実際に、訪日の際には、ＮＥＤＯ（新エネルギー・産業技術総合開発機構）や大阪大学等を訪問。今後の日本との協力について、温暖化ガス削減のための脱炭素技術、ＡＩ、量子コンピュータ、ロボットなど将来の共同研究に向けて、関係方面との調整が進んでいる。

二〇二三年署名の日加産業科学技術協力覚書

さらに、日加両国政府の協力は、会合を重ねるという段階から具体的に協力を進める段階へと前進している。特に、最先端の科学技術をビジネスに結びつけていくという観点から、二〇二三年九月、日本とカナダの産業科学技術協力に関する協力覚書が合意された。日本側は西村経済産業大臣（当時）と筆者、カナダ側はイン国際貿易大臣、シャンパーニュ産業大臣、ウィルキンソン天然資源大臣が署名した。ここでは、①先進製造、②人工知能、③クリーン技術、クリーン・エネルギー、炭素削減技術、④ライフサイエンス、⑤量子、⑥半導体、という分野を特定している。どれも二一世紀の経済・社会そして安全保障にとって、きわめて重要な分野だ。

そして、両国政府は、この六分野の両国当事者間の協力を促進するために、次の施策を実施していく。

・助成金やマッチングスキームを活用した日加の共同研究スタートアップの発掘に向けた連携。
・国立研究開発法人・産業技術総合研究所の「量子・AI融合技術ビジネス開発グローバル研究センター」等を活用した日加の共同研究開発活動の促進。
・人材交流・人材育成のための日加の研究所や企業における共同研究の促進や国際会議、ワークショップ、セミナーの活用による連携強化。
・情報交換などによる産業科学技術に関する効果的な標準化の支援。
・新たに設置された日本・カナダ産業研究開発政策対話を活用した協力案件の追求。

また、この協力覚書は、厳しさを増す地政学的現実も念頭に、ビジネスの観点に加え、両国の経済安全保障をも念頭においている。基本的価値や戦略的利益を共有し、最高水準の最先端科学技術を持ち、相互に信頼できる日本とカナダだから署名できたのだ。

機微技術と研究セキュリティー

昨今の著しい科学技術の進展は課題解決に貢献し、経済発展を促す。学問の自由やオープン・イノベーションは、学術研究の中核にあるべきものだ。それこそがビジネスチャンスを拡大する。しかし、繰り返すが、二一世紀の厳しい地政学的な現実の中では、最先端科学技術は国家安全保障にも直結する。利潤追求を至上命題とするビジネスの視点だけでは不十分だ。よって、各国とも研究セキュリティーについて真剣な議論が進められている。自由な科学と国家安全保障の最適なバランスの見極めが本質だ。研究セキュリティーに関するカナダの最新状況を見てみよう。

二〇二四年一月、シャンパーニュ産業大臣、マーク・ホランド保健大臣、ドミニク・ルブラン公共安全大臣は、「機微技術研究および懸念される提携に関する政策（Policy on Sensitive Technology Research and Affiliations of Concerns）」を発表した。

その背景は、明快だ。カナダの研究は、発見・発明の最前線にあり、人類の最も差し迫った課題に対する解決策の原動力となっている。カナダが主導する研究は、卓越していると同時に協力に対してオープンである。一方、その開放性ゆえに外国の影響力の標的になる可能性があり、研究開発努力が国家安全保障を脅かす潜在的なリスクが高まっているのだ。

研究セキュリティーに関する今般の発表には、二つのリストが添付されている。第一リストは、機微技術研究に該当する一一分野を特定している。デジタル、量子、ＡＩ、生命科学、ロボット工学等が含まれる。第二リストは、カナダの国家安全保障に危険を及ぼす可能性のある研究機関を特定している。それらの機関は中国、ロシア、イランの軍、国防、国家安全保障機関に属している。

二つのリストは、いわばネガ・リストであり、リストに掲載されていなければ、共同研究は自由ではある。しかし、科学技術は日進月歩で不断に進化・発展しており、地政学的状況も日々変化している。この二つのリストも常に見直されることで、研究セキュリティーの実があがる。そして、的確な研究セキュリティーは、基本的価値を共有する同志国とカナダの一層緊密な共同研究に直結する。

人材と移民

あらためて、現在、カナダには世界から人材を惹きつけるAIエコシステムができ上がっており、その求心力は、AIを核としながら、量子コンピュータ、ロボット、環境・新エネルギー、エンターテインメントと幅広い分野におけるカナダの存在感を高めている。その一つの大きな要因が移民だ。積極的な移民政策によってオンタリオ州は、あらゆるテクノロジー分野の労働者や研究機関にとって、魅力的な場所になっている。AIや量子など最先端産業が成長するための最重要な基盤の一つは、学者・研究者、企業経営者、スタートアップ企業のスタッフまで多岐にわたる優れた人材を確保することだ。その意味で、カナダの移民政策は、戦略的だ。次の章では、その実態を見てみよう。

コラム② シルク・ドゥ・ソレイユ

何事につけ、偉業が始まる創世記は興味深い。

しばし、一九七九年に遡ろう。当時、ケベック州の若い大道芸人たちが集まり、ヒッチハイクで州内を巡り大道芸を披露していた。継続は力なりとは、良く言ったものだ。徐々に、その集団に有為な人材が参集し始める。

そして、八二年になると、起業家ジル・サンクロワが、これはと信頼するダンサー、火吹き芸人、ジャグラー、竹馬乗り、そしてミュージシャンらを集め、「ベー・サン・ポールの竹馬乗り」と名乗り始める。才能と野心にあふれる若き大道芸人のグループの誕生だ。

そこに、鬼才ギー・ラリベルテが参加する。一八歳にして故郷ケベック・シティーを出て大西洋を越えて、単独でヨーロッパ諸国を周って、アコーディオンを弾き、竹馬乗りや火喰いの大道芸をやっていた人物だ。

ギーとジルの出会いが、このグループを異次元へと昇華させる。従来の大道芸の概念を完全に凌駕するまったく新しいスタイルのパフォーミング・アーツが誕生したのだ。ヒッチハイクで州内を周り、極上の演技を披露。きわめて高い評価を得るものの商業的には厳しく、破綻寸前に追い込まれる。

しかし、八三年、カナダ芸術振興財団から支援を獲得。探検家ジャック・カルティエがケベック州周辺を「ヌーヴェル・フランス」と名付けた一五三四年の歴史的航海から四五〇周年を祝する記念イベントへ招聘されたのだ。

そこで、ギーとジルの下に精鋭七三名のスタッフとパフォーマーが結集。新しい演目を練り上げる。そして、八四年、「シルク・ドゥ・ソレイユ（太陽のサーカス）」として活動を開始。

「『太陽』は、若さとエネルギーを象徴している。サーカスが必要としているのは、その二つだ」と、共同創設者ギー・ラリベルテは言う。

筆者の独断だが、太陽は、若き天才詩人アルチュール・ランボーを連想させる。植民地軍の傭兵の行軍であれ、聖地巡礼の旅であれ、砂漠をめぐるキャラバンであれ、太陽はランボーの周囲を廻り、光と影を交互にもたらす。そこには、常識を超えたサーカスの曲芸と情熱が宿る。

シルク・ドゥ・ソレイユ公演は、ケベック州内外の観客を魅了した。既成のサーカスならば必ず登場する動物は、ここには一切いない。磨き抜かれた人間の美と知と技を見せつけるのだ。当初は、カナダ芸術振興財団のバックアップによる一年間だけの時限パフォーマンスだった。ところが、ケベック州政府が価値を認め、翌年の支援も申し出る。まったく新しい現代のサーカスは、劇場的な要素を際立たせつつ、強力なパフォーマーを採用し、公演内容をアップグレード。国内を巡り、評価は否が応でも高まっていく。

八七年、飛躍の時が来る。初の米国公演を敢行。その革新的なパフォーマンスは、目の肥えた観客を魅了し、メディアをも驚かせた。四方を客席で囲まれたステージには緻密なデザインが施されている。人間技とは思えないアクロバティックな妙技は、スリルに満ちる。カラフルな照明と時に官能的な音楽が観客を高揚させ刺激する。米国公演の圧倒的な成功は、シルク・ドゥ・ソレイユを現代のエンターテインメントの頂点へと押し上げた。以降、世界各国を公演ツアーで周っており、これまでの観客総数は一億人を超えるという。

特筆すべきは、公演の質を決めるパフォーマー・アーティストについては、常に最高の人材をリクルートしていることだ。公募もしているが、専任のスカウトが世界各地に派遣されている。新体操やトランポリン、アーティスティックスイミングなどの競技のオリンピック金メダリストや世界チャンピオンらが参加している。

すべての演目が、オリジナルであり、それぞれに個性的だ。そのための音楽もオリジナルで、高水準の音楽家が集結。ショーに合わせた生歌と生演奏で圧倒的な臨場感が生まれる。そんな中で特異なのは、米国ラスベガスのホテル「ミラージュ」で二〇〇四年以来、常設公演されている『ラブ』だ。これはビートルズの音楽をモチーフにしたミュージカル仕立て。そのサウンドトラック盤は、ビートルズが録音した全二一三曲のうち一三〇曲の楽曲の全部または一部を使って完全にリミックスされ、『ビコーズ』から『愛こそはすべて』までの二六曲に切れ目なしで再構成されている。伝説のプロデューサー、サー・ジョージ・マーティンの遺作でもある。

衣装、大道具・小道具に至るまで、最高の質を確保するために外注せず、すべて自前で用意。衣装工房では、毎年六・五キロメートル以上の布を世界中から集めて、意匠を凝らした舞台衣装やセットを制作するという。桁違いだ。

最大の危機は、二〇二〇年に世界を襲った新型コロナ感染爆発だった。興行収入が絶たれ、倒産し、ケベック最高裁判所に企業債権者調整法の適用を申請した。

二四年三月現在、危機を乗り越え、三都市での八つの常設公演と一一の移動公演を行っている。

第三章　移民立国の理想と現実

繰り返すが、カナダは若い国であり、G7の中では人口も最小で約四一〇〇万人だ。しかし、人口増加率を見れば、G7最大の三・二%を誇る。出生率は一・三%と低いのにだ。その原動力は移民である。

遡れば、一八六七年に、大英帝国の自治領としてカナダが建国された時の人口は三五〇万人に過ぎなかった。第一次世界大戦が勃発した時には、七八〇万人を超えた。そして、二〇二四年四月一日現在の人口は、カナダ統計局によれば、四一〇一万二五六三人だ（**図表2**）。現行ペースで移民が増えれば、二〇五〇年までにはイタリア、フランス、英国、ドイツの人口を追い抜くとの試算もある。カナダの産官学からなる政策集団「センチュリー・イニシアチブ」は、「二一〇〇年、人口一億人国家」をめざしている。

カナダで勤務する筆者が、政府・議会・経済界の要人や有識者・文化人などさまざまな人々と会う中で、日々実感することがある。それは、一言でカナダ人と言っても、実に多様

図表2　カナダの人口推移

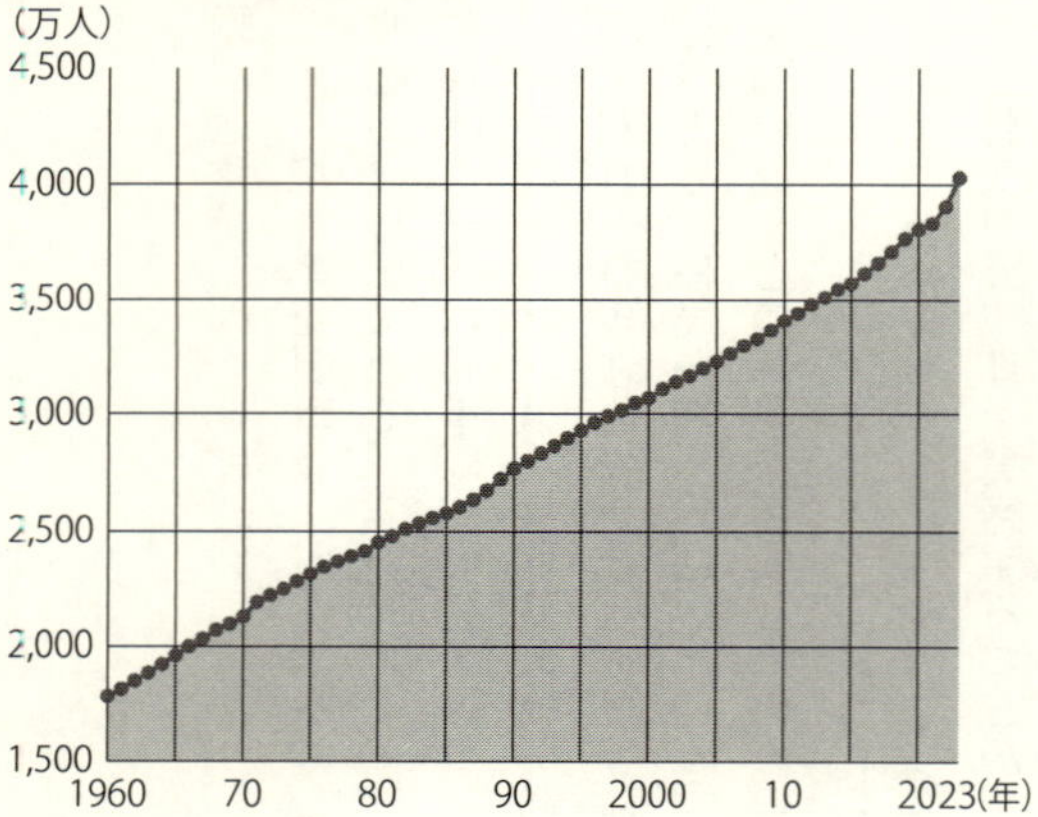

出所）世界銀行ホームページ

な人種的・文化的・宗教的背景を持った人がいるという事実だ。まさに、カナダの未来を見据え、ピエール・トルドー首相によって一九七一年に提唱された「多文化主義」が、開放的かつ注意深く構築された移民政策と相まって実現している。カナダ独自のアイデンティティだ。例えば、ジャスティン・トルドー首相の最側近の一人であるベン・チン上席顧問は韓国から、アーメッド・フッセン国際開発大臣はソマリアから、下院外交委員長のアリ・エサーシ議員はイランからの移民一世だ。出自にかかわらず能力と努力で活躍の場を得ることができる。正真正銘の移民国家だ。移民はカナダという国家の本質だ。それを如実に示す逸話がある。

一五年一〇月の総選挙で、ジャスティン・トルドー率いる自由党は、公約の一つに同年末までに二万五〇〇〇人のシリア難民受け入れを掲げ、勝利して政権が誕生。その直後、一一月一三日にパリ同時多発テロ事件が起きて、各国がシリア難民受け入れに及び腰になる中、カナダは積極的姿勢を堅持。トルドー首相は、「カナダへやって来る難民の家族が恐怖でなく、歓迎の空気で迎えられるようにしたい」と述べ、公約を実現した。到着したシリア難民二万五〇〇〇人のうち八九五〇人が「プライベート・スポンサーシップ」という民間の受け入れだった。ここには、カナダの矜持が見える。

まず、移民国家カナダの誕生と今日に至る移民政策の歴史について概観しよう。それぞれの時代の政治的・経済的な現実と社会における必要性に応じ、政策が修正・改革されて今日に至ることが分かる。

図表3　カナダの移民受け入れ状況

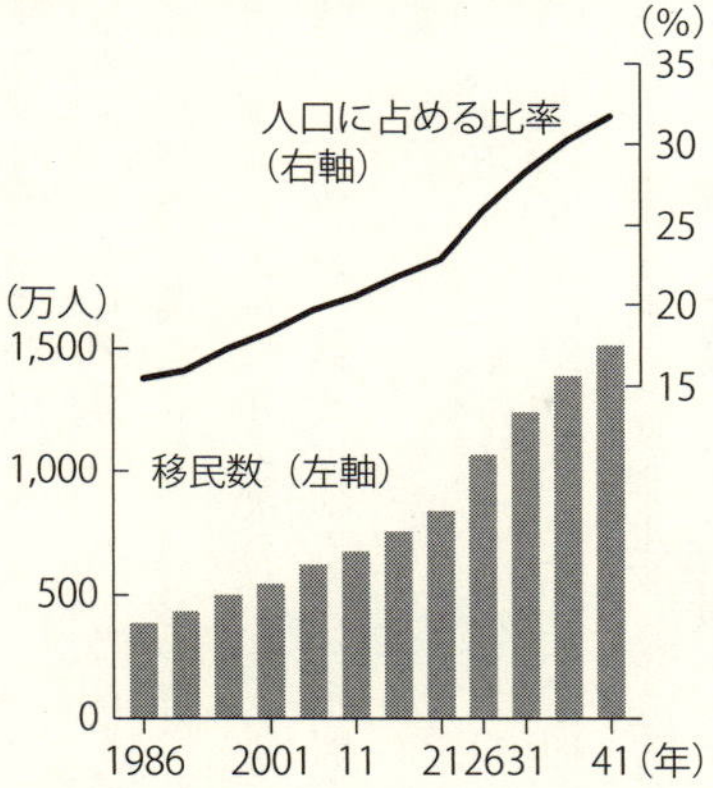

注）外国で生まれカナダ国籍を取得した人。2026年以降は見通し
出所）カナダ中央統計局調べ

1　移民国家カナダの誕生と発展

英領北アメリカへの移民の波

北米大陸はそもそも先住民の楽園だった。

現在のカナダに直結するヨーロッパとの出会いについては序章を参照していただくとして、大きな転機は一八一五年、ナポレオン戦争の終結だった。「会議は踊る、されど進まず」と揶揄されるウィーン会議であるが、欧州に

は平和がもたらされた。

　しかし、平和の到来とともに英国が直面したのは、戦時経済の終焉がもたらした突然の不景気と深刻な失業だった。いつの時代もそうだが、それは貧しい人々を直撃する。彼ら彼女らは、新しい生活を求め海外の植民地に目を向ける。未開の地にあるかもしれない未だ見ぬ素晴らしき機会に魅せられる。目の前の現実が厳しければ厳しい程、根拠なきまま期待は膨らむ。

　一八一五年、英領北アメリカの人口は五〇万人に満たなかった。それが、一八五〇年には、三〇〇万人近くに膨らむ。三五年で約六倍だ。

　一八六七年三月、「英領北アメリカ法」がヴィクトリア女王の勅許を得て成立。そして、同年七月一日に発効し、自治領カナダが誕生する。「建国」だ。オンタリオ、ケベック、ニュー・ブランズウィック、ノヴァスコシアの四州のみが参加する未完の連邦で人口は三五〇万人。生まれたばかりの自治領カナダにとって最重要の課題は、自らの領土を確固たるものとすることだった。南北戦争を克服し急速に発展し自信を深める米国の領土拡大からカナダを守るのだ。そのためには、西部の平原地域を自治領カナダに加盟させることであり、同時に、そこに入植する移民を誘致することだった。人口は国力の要であり、移民は国家安全保障であり、国づくりそのものだった。初代首相マクドナルドは、強力に移民政策を進める。建国の翌年には、移民誘致の広報活動を行う移民事務所を英国ロンドンとアイルランドの首都ダブリンの二都市に開設した。きわめて戦略的に選択したのだ。ロンドンは大英帝国の首都であり、交通の要所でもあった。英国のみならず、欧州大陸からもアクセスしやすく、カナダの移民政策を広報する観点からこれ以上の都市はなかった。また自治領カナダの発展は、宗主国たる英国にとっても利益だった。

また、当時は、飢餓や経済的困難に直面したアイルランドから、多くの人々が海外へと移民していた時期で、アイルランドからの移民誘致を特に重視し、ダブリンにも事務所を開いたのだ。この効果はすぐに現れて、イングランド、スコットランド、アイルランドからの移民増もあって、六八年から一年間で人口は五万人以上増えた。

翌年には、移民を積極的に受け入れていく姿勢を鮮明に示す一八六九年移民法が制定された。建国当初のカナダが必要とした移民は、英米さらに西欧諸国出身の資金を持つ農民、農業労働者、あるいは女性家事使用人などだった。しかし、この法律には、伝染病の拡大防止など公衆衛生の視点の他は、どのような移住希望者が移民として認められるのか具体的な規定はなかった。南北戦争直後の自由主義的な雰囲気が、移民法に反映していたようだ。

しかし、国家建設を進める観点からは、移民として認められない類型を明らかにしておくことは必須である。七二年の改正移民法では、犯罪者やその他の「非道徳的な部類」の入国を禁止した。さらに、七九年の枢密院令では、生活保護者や貧窮者を排斥する旨が定められた。ここに、カナダの移民政策の基本形ができ上がった。

初代首相マクドナルドは、途中五年間の野党時代を除き、一九年の長きにわたり首相を務めた。一八九一年六月六日に現職首相のまま脳卒中で他界するまで、国づくりに邁進した。この間、自治領カナダは、大西洋岸の四州から、大平原さらに太平洋岸に及ぶ八州にまで拡大し、領土を確固たるものとした。人口も三五〇万人から四八〇万人に増えた。マクドナルド政権の移民政策は、所期の目的を達成したと言える。

初の仏系ローリエ政権の移民政策

マクドナルド没後の五年間、短命な保守党政権が続いた。

そして、一八九六年七月、カナダ史上初のフランス系ウィルフリッド・ローリエ首相の自由党政権が発足する。一九一一年一〇月まで一五年余の間、一貫して国を率いたきわめて強力な政権であった。歴代最高峰の首相の一人と目されており、首都オタワ最高級のホテルは彼の名を冠した「フェアモント・シャトー・ローリエ」だ。チャーチルもジョン・レノンもピカソもダイアナ妃もここに宿泊している。

そのローリエ政権は、マクドナルド政権以上に移民政策を強力に進める。その任を一手に引き受けたのが、クリフォード・シフトンだ。彼が内務大臣を務めた一八九六年から一九〇五年までの約一〇年間は「シフトン時代」と呼ばれる程、カナダの移民の歴史に大きな足跡を残した。平原州への入植を積極的に進め、英国、スコットランド、スカンジナビア諸国、さらにはウクライナからの移民を受け入れた。結果、カナダの人口は、一八九六年の五〇七万人から、一九〇五年には六〇〇万人へと増大した。

シフトンは、平原州へ移民を惹きつけるため、米国、英国、欧州大陸に、移民業務取扱事務所を設置し、そこを拠点に戦略的広報を行った。各国の新聞記者や選ばれた農民等を対象にカナダの大草原への汽車旅行を手配した。また、平原州の自然の素晴らしさと農業の将来性をヴィジュアルに示したパンフレットを九六年だけで六万部以上も発行し、何千もの新聞に移民広告を出した。また「貴方はカナダが、カナダは貴方が必要だ」というキャッチコピーを載せた街宣車をヨーロッパ主要都市に巡回させた。

その上で、シフトンは、実際の移民の受け入れについては、「選択的移民政策」を敢行した。要するに、大平原の開拓を進める上で欧州からの農業労働者を大量に入植させることをめざした訳だが、その際に、移民を審査・選別したのだ。短期間で適応・同化可能と期待できる人たちが「好ましい移民」。逆に、異なった文化・宗教・言語・習慣を持つがゆえに適応・同化が難しいと見なされた人たちが「好ましくない移民」だ。米・英・独・仏等の西欧・北欧諸国からの移民は「好ましい移民」として推奨された。一方、東欧・南欧出身者は、必ずしも好ましいとは見な

ウィルフリッド・ローリエ

されなかった。

　まして、アジア系は問題外だった。自治領カナダの統合の象徴であるカナダ横断鉄道の困難を極めた建設工事を担ったのは、低賃金で酷使された中国からの移民労働者だったのにである。当時のカナダの移民政策は、あからさまな人種差別的基準に基づいていた。

第一次世界大戦前夜の「好ましくない移民」

　シフトンが敷いた移民政策は、その後も踏襲された。一九一四年七月に第一次世界大戦が勃発するまで、欧州からの移民の波は続き、人口は七八八万人にまで増大した。

　この背景には、積極的な移民政策に加え、欧州の政治的・経済的な苦境があった。オーストリア・ハンガリー帝国は崩壊寸前であったし、ロシア帝国は、政治的にも宗教的にもウクライナを厳しく抑圧した。ウクライナやポーランドを含め本国に希望を見出せない人々が、新天地を夢見て、欧州からやって来たのだ。

　モントリオールやトロントの大都市では、経済発展に伴う労働需要が高まり、移民の定住が進み、出身国別の民族街が数多く形成された。

　ウクライナ系移民は「粗末な羊皮の外套をまとい、一〇世代も続く農民で、たくましい妻と半ダースの子どもを持つ屈強な農民」だとシフトン内務大臣は描写し、決して「好ましい移民」とは見なしていなかった。しかし、大平原への入植を進める上では、軟弱で自尊心のみが強い英国人よりもはるかに望ましいと見なされるようになった。

この関連で、指摘すべき重要な要因が農地改良、品種改良、農機具の進歩だ。大平原の気候は、大変に厳しく、農業を安定的に営むことは容易ではなく、平原州への移民の定住は簡単には進んでいなかった。が、農業技術の進歩により、一九〇一年から一一年の一〇年間で、アルバータ、サスカチュワン、マニトバの平原三州の人口は三倍以上の伸びを示した。

一方、太平洋岸には、アジアからの移民の波が押し寄せる。「好ましくない移民」とされた中国人、日本人、インド人のアジア系移民は、中国人排斥法や日本人移民制限法などによる規制はあったものの、カナダの農業や鉱業の発展による経済的機会を背景に、二〇世紀初頭から第一次世界大戦の勃発までの間急増した。

日系移民は、一九〇〇年から一九一五年の間に一万六〇〇〇人がカナダに到着した。そのうち八割以上が太平洋岸のブリティッシュ・コロンビア（BC）州に定住した。日本政府は、自治領カナダの本国である英国と〇二年に日英同盟を締結したので、カナダ政府は日系移民への制限には慎重であった。しかし、「白いBC」を求める州民の圧力は増していく。

〇七年七月には、約一二〇〇人の日本人移民を乗せた「駒形丸」がバンクーバーに入港したことをきっかけに、白人市民が「バンクーバー・アジア人排斥同盟」を結成。この同盟は九月に一万人が参加する反アジア移民街頭デモを組織したが、一部が暴徒化し、中国人街と日本人街を襲撃した。「バンクーバー暴動」だ。事態を憂慮した日加両国は、翌〇八年一月、カナダへの日本人移民を年間四〇〇人に制限する紳士協定に合意し、日本側は林董外相、カナダ側はロードルフ・ルミュー労働相が署名した。ただし、すでにカナダに滞在している日本人男性が妻子を呼び寄せることは協定の対象外であったので、新移民の流入は続いた。

第一次世界大戦、大恐慌そして第二次世界大戦

カナダへの移民は、第一次世界大戦前夜にピークを迎えるが、大戦の勃発を受け、その数は一九一三年から一四年にかけて五〇%以上激減した。これを受け、戦時中の平均人口増加率も年率〇・八%にまで下落する。

大戦後のカナダ社会は、平和を謳歌するどころではなく、排外感情が根強く残り、経済も不安定であった。ロシア革命に起因する「赤の脅威」に怯える国民も少なくなかった。

そんな時代の世相を表しているのが、マニトバの州都ウィニペグで起こったゼネストだ。一九一九年五月一五日からほぼ一ヶ月半にわたり市の機能が麻痺。当初は、建設と金属関連の労働者のストライキだったものが市全域に広がったのだ。背景には、大戦後の復員兵の社会復帰に関わる深刻な問題があった。失業率は高く、生活費は高騰していた。ロシア革命の影響もあって労働運動の内部での路線論争も混迷を深めた。六月二一日には、ストライキの支持者と警察・民間警備員の間で暴力を伴う衝突が発生。二人が死亡し多数の負傷者が出た。「血の土曜日」として記憶されている。政府は、事態を重く見て、ストライキの指導者を逮

捕し、一部の労働者を解雇するなど、介入した。ゼネストは六月二五日にやっと収束した。

このような社会状況は、当然ながら、移民政策に影響を及ぼす。ゼネスト終結直後の七月一日には、改正移民法が議会を通過。移民に対しきわめて抑制的で、大戦の旧敵国を含め特定の文化的・思想的特質を持つ者の移住を阻止する措置が盛り込まれた。識字能力試験も導入され、英語あるいはフランス語を話せない者のカナダへの移住は困難になった。

二〇年代に入ると、カナダ経済も上向き、社会も落ち着きを取り戻す。二一年一二月に、自由党のマッケンジー・キング首相が登場する。二〇年代から四〇年代にかけ、カナダ史上最長の通算二一年間にわたり政権を担い、激動の時代の舵を取った。

移民について言えば、大英帝国の白人自治領、米国、北西ヨーロッパからの「好ましい移民」は都市部に定住したが、平原州への移民は伸び悩む。

マッケンジー・キング

そこで政府は、二五年、改正移民法で課された制限を事実上撤廃し、平原州への農業移民を促進する「鉄道協定法」を成立させる。この法律は、カナダ国鉄および太平洋鉄道に、東欧・南欧・中欧の農業地帯から移民を呼び寄せる権限を与えるものだ。従来、「好ましくない移民」と見なされていたが、平原州への定住が進み、農業発展の基盤となっていく。

三〇年代の大恐慌の時代になると、労働者の四人に一人以上が失業している状況で、新規移民のみならずすでに定着している移民も、職を奪う輩だとして、社会から厳しい扱いを受けるようになった。カナダに居住している家長の妻と未成年の子どもを除き、欧州からの移民は事実上停止された。失職した移民が本国に送還される事態も起こった。移民法修正条項が不満分子の国外追放に適用され、風雲急を告げる欧州情勢からの難民も受け入れを拒まれた。カナダ社会が全体として、移民に対してきわめて排他的になっていったのだ。

そして、三九年九月一〇日、カナダはナチス・ドイツに対し宣戦布告。

四一年一二月八日には、日本と戦争状態にある旨宣言した。マッケンジー・キング政権は、日系カナダ人がれっきとしたカナダ市民であるにもかかわらず、財産を没収し、強制収容キャンプに送致する反日政策を強行した。戦時下のカナダ社会が見せた極端な排外主義であった（この問題に終止符を打つカナダ連邦政府の公式謝罪と個人補償を含むリドレス合意は八八年にブライアン・マルルーニ首相と全カナダ日系人協会のアート・ミキ会長によって署名される）。

大戦後の状況と移民政策

一九四五年八月一五日、第二次世界大戦が終結すると、カナダは戦時経済から、平時経済へと順調に転換する。欧州やアジアと異なり、国土が戦禍を免れたことは、大きな利点であった。戦時中の規制が撤廃され、軍需工場は民間に払い下げられ、経済は活況を呈した。海外に駐在していた軍人とその家族も帰還する。カナダの世論には、戦争で大きな被害を受けたヨーロッパの人々を受け入れるべきだとの寛容な考え方が拡散していった。もちろん、移民の増加は、国内市場を拡大し、経済を活性化させるとの側面もあった。

四七年、安定した社会状況下で、マッケンジー・キング首相は、「政府の方針は、移民の奨励によってカナダの人口を増やすことである」との声明を発出した。だが、この声明はすべての移住希望者を歓迎するという趣旨ではなかった。翌四八年には、「国民の基本的性格」は維持する方針であると述べている。要するに、戦前と同様に北西ヨーロッパと米国の出身者を優先する白い移民政策であり、民族的人口比を堅持する意図を明確にした。

同年一一月に政権に就いた自由党のルイ・サンローラン首相も、前政権の方針に則り、移民政策を進める。五〇年には、移民に関連する業務を専門に扱う市民権・移民省が創設された。五二年には新移民法が可決。排他的な移民政策が強化される。例えば、渡航支援貸付制度を開始し、カナダが必要とする特定技能を持っているが渡航費用を払えない移住希望者を支援する制度が導入されたものの、対象は欧州人だけであった。市民権の付与についても、欧米人を優先。アジア系移民の市民権申請は制限されたのだ。

ただし、欧米からの移民に開かれた職業は、カナダ人が敬遠していた農作業、鉱山労働、家内労働だった。移民の受け入れは、あくまでカナダ側の都合に合わせて行われていたという現実には留意する必要がある。

ポイント制度の導入

白い移民政策が転換するのは、一九六〇年八月に制定された「カナダ権利章典」による。人種、肌の色、出身国、宗教、性別による差別が禁じられたのだ。自治領カナダが成立して以来、歴代政権が、一貫して推進してきた、欧米を優遇する白い移民政策が否定されたのだ。

六二年、進歩保守党のジョン・ディーフェンベーカー政権は、新しい規則を制定する。その核心は、政府の支援が不要であると保証されている移住希望者について、教育、技能などの必要な条件を満たしていると市民権・移民省が判断した場合には、仕事を見つけるまで自活できるか、特定の職種に就くために来るのであれば、「人種、肌の色、出身国に関係なく、入国するにふさわしい者と見なされる」というものだ。

そして、カナダ建国一〇〇周年に当たる六七年、「ポイント制度」が導入される。これは、移民選別に当たって、カナダの経済成長に寄与できるか否かを判断材料とするものであり、年齢、言語能力、カナダ在住の家族の有無、職種、学歴などを点数化するものだ。世界各地からの移民申請者が共通の基準で審査され、一〇〇点満点で何点を得たかで判断する客観的で公正な制度だ。現在においても客観的な判断材料を提供するものとして、効果的に機能している。これにより、出身国・地域や民族による移民の選定は完全に終わった。

一方、カナダの移民政策の現実の運用は、経済の状況と連動してきた。好景気の時は受け入れに寛容であるが、不景気になると制限的になる。

七六年、オイルショックの影響で世界経済が減速し、カナダも景気後退する中で、移民法が改正された。技術職移民の受け入れを抑える一方、移民の家族の呼び寄せを促進する。と同時に、難民を受け入れて、国際的な人道問題に対処する姿勢を強調した。

八〇年代後半に行われた人口動態調査によると、カナダの出生率は低下の一途を辿ると予測された。その結果、経済の競争力や生活の質に悪影響が及ぶとの懸念が深まった。そうなると、ふたたび積極的な移民政策へと舵が切られるのだ。移民に関する規制が緩和され、正規教育のみならず実務経験もポイントに加算されることとなる。同時に、非常に柔軟な難民支援策も導入された。また、高額所得者や投資家を引き寄せるための新たな移民カテゴリーの導入へ繋がっていく。その結果、インドシナ難民や九七年の中国返還に伴う香港からの移民を含め、移民・難民が激増した。それはカナダ社会にさまざまな問題と課題を投げかけることになった。

九八年、自由党クレティエン政権は「移民問題諮問委員会」を立ち上げた。諮問委員会は、移民政策を抜本的に見直すことを勧告。その主要な論点は以下の通りである。

- 移民の上限設定。
- 英語あるいはフランス語の能力の重視。
- 難民申請者に対する監視。

・投資家移民計画の刷新。
・熟練労働者の移民手続の簡素化。
・家族支援保証制度の厳格化。

そして、二〇〇一年一一月、この勧告に基づいた「移民・難民保護法」が成立した。国内の治安と安全を考慮しつつ、雇用者側の需要と各州・各地の雇用機会に的確に対応すべく簡素化された移民制度の構築をめざしている。現在（二〇一四年）の制度のベースになっているものだ。次に、現在のカナダの移民制度を具体的に見てみよう。

2　現在の移民制度の概要

連邦と州と地方自治体

カナダの移民政策は、建国以来、それぞれの時代に直面した課題に対する解決策としての役割を果たしてきた。そして、時代とともに、国際情勢、国内の社会や経済の状況に応じ移民法は頻繁に修正・改正されて現在に至っている。

現在の移民政策は、端的に言えば、出生率低下と高齢化に対処し、苛烈な国際競争に負けない技術力の高い労働者を確保して、継続的な成長を達成することを目的としている。具体的な制度は、二〇〇一年に成立した移民・難民保護法に基づいている。以下、現在のカナダの移民制度を見ていこう。

カナダ憲法第九一条第二五号は、「帰化および在留外国人」に関するすべての事項にわたるカナダ議会の専属的立法権を定めている。そして移民・難民保護法は第四条で、移民・難民・市民権大臣がこの法律の主務大臣である旨定めた上で、公共安全・緊急事態準備大臣や雇用・社会開発大臣の所掌事務も規定。移民政策に関する権限が連邦政府にあることを明らかにしている。その上で、移民政策の執行については、第八条で、州政府と協定を締結する権限を与えている。実際には、州政府が移民の定住と適応化関連の政策やプログラムの実施と管理を担っており、連邦政府は州政府に対し財政支援を行う。その上で、州政府は、移民政策に関連した個別実務をさらに地方自治体に委任。現場により近いところで、教育や研修、雇用サービス、市民活動などの移民関連サービスが提供される仕組みとなっている。

それでは、まず、連邦政府が担っている現在の移民政策の基本的構造を見てみよう。

連邦政府による三つの移民カテゴリー

移民政策の実務は、移民・難民・市民権大臣の下で、ＩＲＣＣ（移民・難民・市民権省、Immigration, Refugees and Citizenship Canada）が担当する。かつては、ＣＩＣ（市民権・移民省、Citizenship and Immigration Canada）と称されていたが、二〇一五年の組織改変で改称された。

すべての外国人の入国に関しては、ＩＲＣＣが所掌している。カナダへの入国は、大きく分けて、永住権を得た上での入国と、それ以外の観光・就業・留学などの一時滞在に分かれる。いずれにしても移民申請はIRCCに行う。ここで最も重要なのは、永住権取得を求める申請者の状況に応じて、三つの移民カテゴリーがあるという点だ。

①家族カテゴリー：カナダ市民または永住権保持者の配偶者、内縁パートナー、子、親、またはその他、一定の条件を満たす家族。

②経済移民カテゴリー：カナダの経済的・社会的ニーズを満たし、経済的に自立できる財務状況、職能、職歴が一定の基準を満たすと判断される申請者。具体的には、専門分野・学歴・語学力・経験、さらにカナダ国内での就学歴・就労歴、カナダ国内における親族の有無などの要素がポイント化されて審査される。

③難民カテゴリー：祖国で迫害の危機に瀕するなど、人道的・政治的事情・背景が審査され認められた申請者。

また、すべてのカテゴリーで申請者は、所定の健康基準を満たすと同時に、犯罪歴がなく、保安に関する各種検査に合格しなければならない。

そして、永住権を得た申請者は、永住三年目以降、カナダ市民権を得ることが可能となる。

なお、IRCCは、申請者が以前から有する他国の市民権の破棄を義務付けていない。

経済移民のプログラム

現在のカナダの移民政策は、世界中から優秀な人材を確実かつタイムリーに受け入れることを重視している。実際、カナダへの永住権を取得する移民の五〇％が経済移民のカテゴリーだ。このカテゴリーは、申請者の財力・能力などに応じて、実に多様なプログラムが設けられている。ＩＲＣＣが実施する経済移民プログラムの概略を見ていこう。

- 投資移民ビザ：会社経営者、医師・クリニックオーナー、企業の上級管理職で、二〇〇万加ドル相当の純資産を持つ者を対象とする。カナダ国内で起業する義務はないが、州政府指定の金融機関に二〇万あるいは一〇〇万加ドルの投資が義務づけられる。二〇万加ドルの投資の場合は返還されないが、一〇〇万加ドルの投資であれば、五年後に無利息で返還される（注・連邦プログラムとしては二〇二一年をもって終了。ケベック州のプログラムに移管された。カナダの移民プログラムの目的が明瞭なので記した）。
- スタートアップ・ビザ：カナダでの投資または起業をめざす者を対象とする。二〇一三年に試験的に導入され、一八年から恒久的な制度となった。投資家ビザよりも低額の七〇〜九〇万加ドルの資産証明で申請が可能。三〇万加ドルとカナダ法人設立資本金の投資が義務付けられる。実際の投資は、カナダ政府指定のベンチャー起業支援機関からの「レター・オブ・サポート」の取得が内示されてから行われるので、原則リスクはないと説明されている。
- 技能移民ビザ：ＩＲＣＣが指定する職種について過去一〇年間で一年以上のフルタイ

ム職歴があって、英語またはフランス語の中級以上の語学力がある者を対象とする。

• CEC（カナディアン・エクスペリエンス・クラス）ビザ：すでにカナダ国内で労働している外国人労働者やカナダ国内の大学・専門カレッジ・職業訓練校を卒業した学生を対象とするプログラム。

• PGWP（ポスト・グラジュエーション・ワーク・パーミット）ビザ：右CECに関連した就労ビザプログラムで、カナダ国内の国立大学・カレッジ、または州認可の私立大学・カレッジ・教育機関においてフルタイム就学し学位を取得した後、一〜三年のフルタイム就労のキャリアを経験できる。カナダ永住権申請の資格審査において有利になる。

なお、従来、IRCCは、移民申請について、先着順に受け付けて選考プロセスを始めていた。しかし、カナダ国内の各州の労働力需要に的確に対応できるスキル・職歴を持った移民をタイムリーに受け入れる観点から、二〇一五年に「エクスプレス・エントリー制度」が導入された。そこで、申請者の書類審査を迅速に行う観点から総合ランキング・システム（CRS：Comprehensive Ranking System）が活用されている。申請者は、年齢・学歴・語学力・カナダでの就学・就労経験などの項目のCRSポイントを合計する。個別の項目や配点は、それぞれのプログラム毎で異なっているが、核心は、申請者のCRSポイントの合計点でランク付けされて、高ランクの者から優先的に申請書が受理され、選考プロセスが開始される。

各州が独自に提供するプログラム

右の連邦政府ＩＲＣＣが策定する移民プログラムとは別に、各州が独自の基準を策定し、特定の技能を持つ者、あるいは州が認可した特定の事業に投資を行う者を対象に移民を受け入れる制度もある。一九九八年に導入された「州指名プログラム（ＰＮＰ：Provincial Nominee Program）」だ。ＰＮＰ導入以前は、カナダへの移民は太平洋側のＢＣ州と東部のオンタリオ州・ケベック州に集中していたが、ＰＮＰにより、平原三州と大西洋岸四州はより多くの移民誘致に成功している。

とは言え、移民は都市に集中するため、人口の少ない北部地域や農村への移民を誘致するために、ＰＮＰをさらに進化させた「農村・北部移民パイロット・プログラム」が試験的に導入されている。これは、地域の経済に最も適応し、地域が本当に必要とする雇用機会を満たし、住み続ける意思のある候補者を地域が選定する仕組みだ。

なお、ケベック州は九一年の段階で、連邦政府との間で、包括的な移民合意を結んでいる。特に、フランス語とフランス文化の保護と強化が重要な視点になっている。

ＰＥＱ（Québec Experience Program）は、ケベック州で就学あるいは就労した経歴のある者を対象とする。留学生であれば、ケベック州教育省が認可した教育機関で二年以上の就学歴があり、修士、学士あるいは条件を満たした修了証書を持つ者が対象となる。就労者の場合は、ケベック州が指定する職種において、過去三六ヶ月のうち、ケベック州内で二四ヶ月以上のフルタイムの就労歴がある者が対象となる。留学生も就労者もともに、フランス語による博士論文など高度なフランス語能力が不可欠とされている。

さらに、ケベック州は、「ケベック・アントレプレナー」「ケベック・セルフエンプロイド」「ケベック・インベスター」の三つの投資・起業プログラムを実施し、積極的に経済発展に貢献する移民を受け入れている。

移民受け入れの光と影

カナダへの移民は先程見たように、①家族、②経済移民、③難民の三つのカテゴリーがあり、申請者は客観的かつ公平に選考され、合格者はカナダに定住する。

実は、新規移民にとっては、ここからが大切だ。永住権を付与されてカナダに入国し、生活が始まる。新規移民にとっては、入国に際してのサポート、入国後の定住、さらに社会への適応に関するサービスがきわめて重要だ。このようなサポートにおける州政府さらには地方自治体の役割が大きくなっている。

地方自治体は、州や連邦政府関連機関と連携し、住宅、語学を含む青少年教育、就業支援および研修を実施している。さらに、必要な場合には、所得補助や低所得者向け住宅、緊急シェルター、保育、医療などのプログラムを通じて、新移民をサポートしている。さらに、最近は各種非営利団体（NPO）とも連携して、新規移民を支援する動きが強まっている。

例えば、東部のオンタリオ州トロントの例を見てみよう。トロントは、カナダの中で最も多くの移民を受け入れている都市だ。今やニューヨーク、ロサンゼルスに次ぐ北米第三位の大都市でもあり、トロント都市圏の人口は二〇二三年で約六四〇万人。その半分近くは海外出身者で、世界中の一八〇の言語圏からの移民だ。カナダの中でも特に非白人系人種が多く多様性にあふれている。それゆえに、新移民には実に多様なニーズがあるが、特に、住宅、教育、就業支援が鍵だ。オンタリオ州政府、トロント市当局のみならず、ユナイテッド・ウエイ、ディクシー・ブロア地域センター、メイツリー基金などのNPOも活発だ。

住宅については、トロント地域住宅供給公社、低所得者住宅局、シェルター住宅行政局が新規移民の状況に対応している。また、トロント教育委員会は多言語・多文化を背景とする児童生徒を抱え、全生徒の五〇%以上が英語以外を母国語としている現状に対し、積極的に対応している。

そして、就業支援である。新移民にとって最も重要なのは安定した職を得ることだ。トロントに定住する新移民の約七割は、高学歴で優れた技能を持っているが、その専門技能に相応《ふさわ》しい業種に従事するのは四分の一に満たないと言われている。本国では医師免許を持っていたり、大学教授であったりした者がトロントに移民して来て、運転手や庭師に就くという場合も少なからずある。適切な資格認定の仕組みが必要だ。

この関連で、オンタリオ州は、「専門職への参入改善イニシアチブ」を発足させた。国外で専門経験を積んだ者に対し、公平な資格登録手続きと雇用慣行を推進するものだ。高齢化する労働力を補うべく、州が特定する新規業種への移民の参入を推進している。

前章では、AIや量子などの最先端分野において、トロントは豊富な人材を供給し得る北米有数の都市であると記した。が、それはトロントに定住する移民に関する陽の当たる部分である。全体で見れば、多くの移民は就業について不満を抱えているのが現実だ。

ケベック州は、カナダの中では、オンタリオ州とBC州に次いで多くの移民を受け入れており、経済発展に貢献していると捉えられている。一方、フランソワ・ルゴー州首相は、移民が増え過ぎるとケベック州内のフランス語が弱くなりかねないとの懸念を表面している。

移民の受け入れには、光があれば影もある、ということだ。次に、カナダの移民政策が直面する課題について見てみよう。

3 「過剰な移民」という世論をめぐって

世論が映す国民のホンネ

民主主義国家にとって、世論の動向は選挙の帰趨を決定する。政策を策定し実践し展開させていく上でも、世論の理解と支持は必須だ。もちろん、移民政策も例外ではない。経済成長を達成し、労働力不足に対処するために、積極的に移民政策を展開すると同時に、カナダとしての国際的なコミットメントを果たすために、戦争・迫害・自然災害から逃れて来た難民も積極的に受け入れてきた。

その結果、今やカナダ人の四人に一人は外国生まれであり、移民政策は他人事ではなく自分自身の問題だ。一般のカナダ人にとっても、日常生活に直接的に関わる。

歴史的に見れば、アップ・ダウンはあるものの、大多数の国民が移民受け入れを支持してきた。その背景には、多くの国民は、政府が移民を国益に適うように適切に管理している、と感じていることにある。逆に、国益を損ねていると国民が感じれば、移民政策への支持は失われ、政権への支持にも大きく影響する。その意味で、カナダにおける移民に関する世論の動向は注目に値する。

移民受け入れ計画と世論

二〇二三年一一月、カナダ政府は、二〇二四年から二六年の移民受け入れ計画を発表した。永住権を付与される移民は、二四年は四八万五〇〇〇人、二五年、二六年はそれぞれ五〇万人を上限とする。人口四〇〇〇万人の一・二五%に相当する五〇万人の永住権を持つ新規移民を毎年受け入れる計画だ。人口比で言えば、英国の約八倍、米国の四倍である。

永住権には、前節で記した通り、家族、経済移民、難民の三つのカテゴリーがあるが、二〇二六年の目標値は、経済移民六〇%、家族二四%、難民一六%とされている。経済発展に移民が欠かせない実態が明らかであるが、同時に、人道的な観点からの家族、難民の受け入れにも国柄が表れている。

そして、この計画が発表された直後に、カナダの代表的な世論調査会社「アバカス・データ」が移民に関する包括的な世論調査を実施した（一八歳以上のカナダ人二〇〇〇人を対象）。鍵になる三つの結果は、次の通りだ。

「Q　移民の目標値は、適切ですか、高過ぎますか、低過ぎますか？」

六七%が、移民受け入れの目標値が高過ぎると回答した（内訳は、著しく高過ぎる：四〇%、高過ぎる：二七%）。

「Q　あなたのコミュニティーにはもっと移民が必要ですか？」

- はい：一五%（内訳は、もっと必要：四%、ある程度必要：一一%）
- 現状のままで良い：三八%
- 否：四七%（内訳は、ある程度減らす：二〇%、もっと減らす二七%）

「Q　新しい移民のカナダ社会へのインパクトをどう思いますか？」

- 生活費と住宅問題に悪影響がある：六九%
- 医療サービスに悪影響がある：五三%

・労働力不足解消に貢献している：四七％
・経済成長に貢献している：三〇％／経済成長に悪影響を与えている：二六％

世論調査を過信してはならないが、その時々の世の中を、あるいは人々の気持ちを映す鏡ではある。他の調査機関の世論調査でも、同様の結果が出ている。

要するに、カナダは移民を受け入れ過ぎていて、住宅問題と社会保障に悪影響が出ていると、多くのカナダ人が感じている訳だ。複数の世論調査機関が随時行っている調査で、移民と関連づけることなく、現在直面している最も深刻な問題は何かと問うと、筆頭に挙がるのは、生活費高騰、特に住宅問題である。本来、複合的な要因が絡む構造的な問題なのだが、過剰な移民が住宅需給を逼迫させているとの見方が広がっているということだ。

この関連で、データを見てみよう。二〇二三年から二四年にかけて、カナダの人口は三・二％増えたのに対し、住宅ストックは一・三％しか増えていない。実は、住宅の増加率一・三％というのは、主要先進国三八ヶ国がメンバーであるＯＥＣＤ（経済協力開発機構）の平均値を上回っている。新築住宅着工数は、カナダに十分な住宅供給能力があることを示している。一方、この間のカナダ国内の住宅賃料は平均一〇％上昇。供給に比し需要が増大していることを示している。よって、住宅供給能力以上の移民を受け入れていることが問題だとの指摘は説得力を持つ。

そこで、次に、連邦政府の対応について見てみよう。

受け入れ人数を抑制する連邦政府

移民政策は国民生活に直結しており、無策は許されない。民主主義の下であれば、いかなる国のいかなる政権も常に次の選挙を視野に入れて世論の動向を見て、政策を展開する。もちろん、カナダも例外ではない。連邦政府の対応は、早かった。

まず、移民が多過ぎるとの結果があいつぐ世論調査の行間を読んでみよう。少子高齢化が進行しているカナダにおいて、移民は労働力を供給する有効な手段である。高度人材・熟練労働者の獲得により、先端分野の産業の国際競争力の強化にも繋がり、経済成長にも貢献しているとの認識が国民の間に共有されてはいる。この点は重要だ。従って、移民の果たす役割を維持・強化しつつ、移民が多過ぎると指摘される状況に対処することが肝要だ。

そこで、移民増の実態を把握する必要がある。二〇二四年一月までの一年間で移民は一二七万人増えた。永住権を持つ永住者四七万人と一時滞在者八〇万人だ。増えた移民の六三％が一時滞在者だ。よって、一時滞在者への対応が鍵となる。

カナダ連邦政府は同年三月、数値目標を公表した。マーク・ミラー移民・難民・市民権大臣が講演したのだが、核心は次の通りだ。

「近年、カナダの一時滞在者の数は大幅に増加している。現在では二五〇万人に達しており、これは人口の六・二％に相当する。カナダが受け入れられる適切な一時滞在者数を達成するための目標を盛り込んだ移民水準計画を策定する。まずは、今後三年間で一時滞在者の総数をカナダの人口の五％にまで減少させることを目標とする」

一時滞在者の内訳は、次の通りだ。

- 留学生：四二％
- 移民・難民審査会での審査を待っている庇護申請者：五％
- 一時的外国人労働プログラムに基づく者：九％
- 国際移動プログラムに基づく者：四四％（内訳は、大学卒業後就労許可証保持者：二六％、留学生の配偶者：九％、青少年交流プログラム：一〇％、技能労働者の配偶者：一二％、ウクライナその他特別人道スキーム：一六％、企業内転勤・貿易協定：一七％）

四割強が留学生で、五割が短期労働者だ。プログラムに応じて滞在期間は異なり、一年未満から数年に及ぶ場合もある。いずれにしても、一時滞在者は、学術面、さらには工事現場や農業の収穫期を含め労働市場で役割を果たしている。一時滞在者に存分に活躍してもらいながら、同時に全体として人口の五％に抑えていくには、相当緻密な取り扱いが不可欠だ。

そこで、留学生に対する措置について見ていこう。

留学生数の規制

住宅問題の矛先は留学生に向かった。二〇二三年の段階で、約二五〇万人の一時滞在者のうち一〇五万人が留学生だ。カナダは、世界的に見ても最も人気のある留学先の一つだ。英語、学術水準、卒業後の就労機会、米国に比べれば安い学費、多様で包摂的な社会環境など好ましい条件が揃っている。ちなみに、日本で勉強している留学生は約二四万人で、カナダの四分の一以下だ。

一方、過剰な移民の数を抑制する方針を打ち出したカナダ政府は、二四年一月、留学生ビザについて、前年比三五％減の三六万四〇〇〇件にすると発表した。ただし、修士号・博士号の履修者、小中高校生、すでに学生ビザを保持している学生の延長申請は影響を受けないとしている。ターゲットは大学学部生・専門学校生となる。

ＩＲＣＣは、人口などに基づいて、持続可能な留学生環境を構築していくべく、各州・準州に割り当てる留学生ビザの上限を算定する。

同時に、ＩＲＣＣは、留学生ビザ申請者の生活費要件も引き上げている。具体的には、初年度の学費と渡航費に加えて二万六三五加ドルを持っていることが必要になる。これは、留学生がカナダに来て生活難に陥ることを未然に防ぐためだと説明されている。

留学生ビザ発行に関する権限はＩＲＣＣが有するが、教育については各州の専権事項だ。よって、留学生数を適切な水準に維持していくためには、ＩＲＣＣと州政府、さらには、各教育機関との連携・調整が不可欠だ。

この点について一つ補足すると、カナダのすべての大学・専門学校が高水準という訳ではなく、中には酷い学校もあると聞く。海外、特に途上国の留学生にカナダの教育機関の学位・ディプロマを授けるとの謳い文句で高い授業料を課す一方、不十分な教育水準・環境しか提供していない学校だ。教育よりは、授業料ビジネスと言うべきか。従来、教育は州の権限ということで、連邦は手を出せなかったが、過剰な移民の問題が指摘され、その改善のために、このような学校への留学生ビザ発行を事実上抑制していく方針だ。

トロント大学、UBC、マギル大学など世界最高峰の大学への優秀な留学生を確保しつつ、移民が多過ぎるとの世論を受けて、留学生全体数を適切な水準に抑える現実的な取り組みと言えよう。

住宅問題という難問

それでは、カナダ人の多くが最も深刻な問題と実感している住宅問題について見てみよう。新型コロナ感染爆発が収束し、経済活動が活発になる二〇二二年春先から、カナダ国民が実感したのが、生活費の高騰である。供給に比し需要の伸びが旺盛であったことに加え、コロナの影響によるサプライ・チェーンの麻痺など複合的な要因が重なり、同年六月の消費者物価指数は、一九八三年一月以来、三九年五ヶ月ぶりで最大となる年率八・一%の上昇率であった。特に、住宅に関しては、持ち家費用が年率で一四・八%にまで上昇。戸建て・集合住宅双方の全国平均の賃料の上昇率は、二三年第3四半期には、七・八%に達した。アルバータ州では二二年から二三年にかけて家賃が二四％上昇した例もある。この住宅問題への国民の不満が向かった先が、多過ぎる移民ということだ。

筆者がカナダ中央銀行のティフ・マックレム総裁と議論した際には「住宅問題は、構造問題です。誰もが即効薬を望みますが、それはありません。究極的には、需要と供給の問題と言えますが、複合的な要因が絡んでいます。カナダ中央銀行にしても連邦政府にしてもできることには限りがあります」と率直に語ってくれた。

しかしながら、トルドー政権としては、打てる手は何でも打つという姿勢を鮮明にしている。政権への批判をかわし、支持率を維持するとの政治的意図は当然としても、ここには、カナダという国家のあり方の根幹にある移民政策を堅持するとの明確な意思が貫かれている。

例えば、住宅問題が顕在化して批判が盛り上がってきた二二年四月には、外国人によるカナダでの住宅用不動産購入を禁止する措置を導入した程だ。ところが、この措置の結果、外国資本の宅地開発業者が新規住宅建設事業を中止せざるを得なくなるなど、かえって住宅供給に悪影響が出たため、二三年三月には、この措置は撤回された。朝令暮改と批判する向きもあるが、住宅問題とその先にある移民政策への切迫感を示している。

また、二四年四月に発表された「予算方針」では、最重要項目として住宅対策を掲げ、総額八五・二億加ドルを計上し、①住宅建設対策、②住宅購入・賃貸支援、③ホームレスなど住宅を購入できない人々への支援を推進するとしている。政府は、住宅の供給サイドと需要サイドの双方に本腰を入れ、早期に収斂することをめざしている。

移民をめぐる三つの構造的な課題

これまで、最近の世論調査が示す移民問題について見てきた。カナダの社会・経済に大きな役割を果たしているとの基本認識がある一方、移民が多過ぎるとの見方が広がっている実態が明らかだ。一時滞在者数を抑制する観点からの留学生の取り扱いと住宅問題対策について述べたが、カナダにおける移民については、三つの構造的な課題も指摘されている。

まず、移民の就職だ。労働力不足を補うという面で経済移民を受け入れているので、移民が職を得るのは難しくない。しかし、高水準の教育を受け、専門的な技術を持つ移民が、そのレベルに相応しい職を得るのが容易ではない。移民が母国で得た学位や資格がカナダにおいて適切に評価される仕組みが必要だ。同時に、カナダの労働市場におけるニーズと移民の専門分野を一致させる選考プロセスと就職先の連携・調整が不可欠だ。例えば、母国で医師免許を取得している移民が低賃金の単純労働に就かざるを得ぬ一方で、各地で医師が不足している。資格認定システムの改善、さらには、外国の医師免許を持つ移民への補足研修などの導入が議論されている。

次に、移民を受け入れる州・自治体の負担の問題だ。移民の定住先は、「州指名プログラム」の導入で、ある程度の不均衡は解消されたものの、大都市圏に定住する傾向が強い。結果、トロント、モントリオール、バンクーバー、カルガリーなどの人口が増加している。移民を受け入れる自治体は、低所得者向け住宅や語学研修、職業訓練などの移民支援サービスを提供する。連邦・州からの補助金・支援金はあるものの、自治体にとっては大きな財政負担となっている。しかも、カナダ全体で見ると、移民の定住先は依然として偏っている。是正策が求められている。

そして、社会保障に移民が与える長期的な影響だ。カナダに移住した若い移民は、地元の社会に溶け込み生活が安定すると、年上の親族を永住権の家族カテゴリーでカナダに呼び寄せるケースが頻繁に見られる。年長の親族は、若い世代に比べれば、経済へ寄与できる期間が短い。のみならず、医療サービスを含む社会保障制度にすぐに依存することになる。一部の経済学者や人口学者は、このような移民は、経済的生産性を大幅に向上させることなく人口増加を招くだけになりかねないと警鐘を鳴らしている。

多言語国家カナダ

移民国家カナダの特徴の一つが言語だ。憲法で英語とフランス語を公用語と決めている。一方、世界中からやって来る多様な移民が、多文化主義の下でカナダを事実上の多言語国家にしている。

カナダでは五年に一度、国勢調査が行われていて、言語に関する実相は非常に興味深い。

以下、最新の二〇二一年の結果を見てみよう。

・第一公用語を英語とする者が七五・五％。フランス語は二一・四％。カナダ全体でも、ケベック州でも、フランス語話者が減少傾向にある。

ケベック州の州公用語はフランス語のみ。しかるに、フランス語の勢力が弱まっていることは、ケベック州の歴史と文化にとって深刻な問題だと受け止められている。同州では、フランス語話者以外の移民に対する姿勢も厳しくなっている。

・英語・フランス語以外の言語を家庭で使用するカナダ人の割合は一二・七％。前回調査の九・七％から大きく増大。非英仏語系の移民が増えていることとの反映だ。

とりわけ、南アジア系言語話者（マラヤーラム語、ヒンディー語、パンジャブ語、グジャラート語）が急速に増加。これに対し、イタリア語、ポーランド語、ギリシャ語等の欧州系言語話者の比率が減少傾向にある。

・カナダ人のほぼ三人に一人（三二・一％）がバイリンガル。三ヶ国語を話すトリリンガルが七・六％。四ヶ国語以上のマルチリンガルが一・五％。驚くべき数だ。

要するに、カナダ人の四割以上が二ヶ国語以上を話し、一つの言語しか話さないカナダ人は五割強。言語の面からも社会の多様性を如実に示している。

移民はカナダのアイデンティティか？

移民をめぐる状況は、今後も、国際情勢や経済社会状況に応じて、変化し続けるだろう。右に見た通り、構造的な課題もある。もちろん、世論も動くに違いない。世論調査は移民政策に好意的な時も批判的な時もあるだろう。

しかし、一八六七年の建国以来、移民政策は好むと好まざるとにかかわらず、カナダという国家の根幹であった。そして、今後もそうあり続けていくだろう。第1節で見た通り、国民は、移民に対して寛容な時も厳しい時もあった。一九六〇年の「権利章典」以前は、移民政策にも露骨な人種差別的な側面があった。が、カナダは、時代の要請に敏感に反応し、きわめて戦略的に移民政策を進化させてきた。

今や、カナダは、世界の中でも飛び抜けた移民立国である。これは、英国の植民地から出発し移民によって国を発展させてきた米国と比較すると良く分かる。「人種の坩堝」米国において、外国生まれの移民一世が全人口に占める割合は一四％。移民に対しきわめて厳しい視線が注がれている。これに対し、カナダでは、四人に一人が外国生まれの移民一世だ。カナダ統計局は、二〇四一年には、移民一世とその子どもが総人口の五二・四％を占めると試算している。世界広しといえども、このような国はカナダだけだ。しかも、大多数の国民は、基本的には移民を自国に良き影響をもたらす存在と認識している。

移民と選挙という観点でも米国とカナダは鮮やかな違いを見せる。近年の米大統領選挙では、移民が大きな争点となり、双方とも厳しい移民規制を競っている。一方、カナダにおいては、何事につけトルドー政権を厳しく糾弾する野党保守党のピエール・ポワリエーブル党首だが、過剰な移民が背景にある住宅問題でも、移民を批判するような発言は避けている。反移民的な姿勢では選挙で票を失うのは必定だという計算がある。短期的な問題・課題はあるにせよ、移民がカナダを発展させてきたという確固たる事実は、もはや与野党の政治闘争を超えて誇るべき歴史として共有されているのだ。

最後に、二二年一〇月にカナダの代表的な世論調査機関エンヴィロン社が発表した世論調査結果が非常に興味深い。核心部分を記す。

問一　移民が多過ぎると思うか？

はい：二七％、いいえ：六九％

問二　移民がカナダ経済に与えるインパクトは？

肯定的：八五％、否定的：一二％

問三　カナダは人口を増やすためさらに移民を増やす必要があるか？

はい：五八％、いいえ：三八％

問四　カナダは人種的なマイノリティーを受け入れ過ぎていると思うか？

はい：二四％、いいえ：六四％

問五　多文化主義はカナダのアイデンティティにとって非常に重要なシンボルか？

はい：九〇％、いいえ：九％、分からない：一％

関連問　若いカナダ人が多様な人種や宗教の中で育つことは幸運なことだと思うか？

同意する：七一％、ある程度同意する：二四％、同意しない：四％

関連問　カナダの重要なシンボルは何か？（複数回答）

多文化主義：六四％、国歌：五四％、RCMP（王立カナダ騎馬警察）：四九％、二言語主義：四二％、アイスホッケー：三五％、CBC（カナダ放送協会）：三三％、女王陛下：二一％

実は、問一についての数字は、深刻な住宅問題を背景に、その後急激に変化した。問四を細かく見ると、保守党支持者の三六％が「はい」と回答。世代的にも若年層に比し高齢者に「はい」が多い。カナダにも米国における二極化の要因がまったくないとは言い切れない。

それでも、問二、三、五については、各社の類似の世論調査を見ても、先述のアバカス・データ社のように、ネガティヴな方向への変化はあるとは言え、移民および多文化主義はカナダのアイデンティティの不可分の要素であるという揺るぎない信念が読み取れる。問題が生じれば、政府は受け入れの条件や人数、プログラムの内容など、随時修正・調整して、移民政策への国民の信頼と支持を維持するだろう。

トルドー首相は、国連総会で「カナダでは、多様性は弱さではなく、強さなのだ」と述べたが、この発言は移民政策の核心を突いている。

日本はカナダの移民政策から学べるか？

日本はと言えば、二〇二四年六月、厚生労働省が人口動態統計を発表。その内容は衝撃的だった。二三年に生まれた日本人の子どもは、七二万七二七七人で、統計がある一八九九年以降過去最少だった。第二次ベビーブームの一九七三年生まれの赤ちゃん二一一万人をピークとして減り続け、一六年に初めて一〇〇万人を割った。そして、八〇万人を割った二二年から一年で五・六％減だ。一人の女性が生涯に産む見込みの子どもの数を示す「合計特殊出生率」も一・二〇で、統計がある四七年以降過去最低だ。

出生率の低下は、必然的に人口減少を加速させ、社会保障制度や労働力を基盤とした経済活動のみならず、国家の基礎である人口に対し将来にわたる不可避的な悪影響を与える。いわば、日本は、国家的な危機に直面していると言っても過言ではない。抜本的な対策が必要だとの指摘が各方面からなされている。

そこで注目すべきは、カナダだ。建国の瞬間から必要に迫られ、積極的な移民政策を取り、今に至る。日本とは事情が根本的に異なっており、単純にカナダの制度を平行移動することはできない。それでも、他の欧米の先進国では移民が政治的・社会的な問題を惹起しているのに対し、カナダでは安定的だ。そこには、日本としても学べる点がありそうだ。

コラム③　柔道とカナダ

カナダはスポーツ大国だ。

広大な大地が提供する多様な環境、世界中から受け入れている移民、先住民の伝統が織りなす多彩なスポーツが愛好されている。国技と目されているのが、アイスホッケーとラクロス。サッカー、アメリカン・フットボールに似たカナディアン・フットボール、バスケットボールが人気だ。さらに野球、クリケット、テニスなども盛んである。

そして、柔道も競技人口三万人を誇るカナダの主要スポーツの一つだ。日本の競技人口が約一二万人なので、人口比を考えれば、柔道の母国、日本に匹敵する存在感を誇る。一〇〇年余のカナダ柔道の歴史は、日加関係とも重なる。

鳥取出身の佐々木繁孝は、一九歳の時、BC州バンクーバーに移住。一九二二年のことだ。商店の店番をしながら経営学を学び未来を夢みていた。実は、一二歳から柔道を始め、二段の腕前。鳥取県のチャンピオンになり、米子高校で柔道を指導した経験もあった。

二四年、佐々木はバンクーバーのダウンタウン、パウエル通りに、ザ・バンクーバー・ジュードー・クラブ「体育道場」を設立した。嘉納治五郎が始めた柔道の二つの基本、「精力善用」と「自他共栄」を実践する場とした。道場には多くのカナダ人が通い始め、佐々木と彼の弟子たちは、BC州各地に支部を開設。多くのカナダ人が入門する。

三二年には、バンクーバー警察の訓練科目として、ボクシングとレスリングに代わり柔道が採用される。この年、ロサンゼルス・オリンピックの日本選手団を率いた嘉納治五郎は、日本への帰途、バンクーバーに立ち寄り、佐々木らを激励。体育道場に「気道館」という名称を授けた。近代柔道の創始者のお墨付きを得て、カナダ柔道は一層発展する。佐々木は、Shigetaka "Steve" Sasaki と呼ばれ、「カナダ柔道の父」と目されている。

BC州から始まったカナダ柔道は、首都オタワでも大きな存在感を示す。その拠点となっているのが、日系カナダ人二世の柔道家マサオ・タカハシ八段（当時四段）が六九年に立ち上げたタカハシ道場だ。全国的なカナダ柔道の発展に顕著な役割を果たしている。タカハシ道場の畳から、これまで四人のオリンピック選手、一八人のカナダ・チャンピオン、「カナダ柔道の殿堂」入りした柔道家五人を輩出しているのだ。

特筆すべきは、ピエール・トルドー首相が現役の首相時代に、タカハシ道場で汗を流したことだ。柔の技と精神が、心身ともにきわめて過酷な負担を強いられる長期政権を支えたと言っても過言ではない。

そして、閏年八四年二月二九日の水曜日。トルドー首相は、タカハシ道場で汗を流した後、「雪の中の散歩」をし、辞任を決意。翌三月一日にその旨を表明した。国政の最も重要な瞬間に、タカハシ道場が関わっていたのだ。

実は、P・トルドー首相の長男ジャスティンも少年時代にタカハシ道場に通った。筆者はジャスティン・トルドー首相と話す機会があった時に、タカハシ道場について言及したところ、首相は懐かしそうに微笑み「良き思い出です」と述べたのが印象的だった。そして、ジャスティン・トルドー首相もまた御子息と御息女を道場に通わせた。さらに、日系カナダ人とのリドレス合意を達成したマルルーニ首相も御子息を道場に入れた。タカハシ道場は、日本文化の普及と日本とカナダの友好親善の発展に大きく貢献している。

マサオ・タカハシは日系カナダ人二世で、その人生は、日本とカナダの関係の歴史的な変遷を体現している。

彼は、カナダに移住してきたタカハシ・キュウキチとミネの長男として、二九年六月、BC州に誕生。八歳の頃から柔道を学び、瞬く間に上達した。

しかし、四一年一二月七日（カナダ時間）、マサオ少年が一二歳の時に、太平洋戦争が勃発。日本とカナダは敵として戦う。開戦直後にカナダ政府は、日系カナダ人を敵性国人として指定。タカハシ一家も財産を没収されアルバータ州レイモンドに強制移住させられる。マサオ少年は、ビート農場で働かされ、学校へ通うことも禁止された。過酷な環境にあって、柔道の練習だけは続けた。

終戦後、日系カナダ人のBC州への再移住は、四九年四月まで認められなかった。白人が多数を占める社会の中にあって日系カナダ人は、旧敵性国民として、また民族的マイノリティーとして、陰に陽に言われなき差別を受け続けた。

そんな中、マサオ少年は四八年、高校を卒業。翌年、少数民族の採用を始めていた国防省に採用され、空軍に就職。モントリオール、トロントを経て、オタワの航空エンジニア部門に配属された。空軍での業務に当たる傍ら柔道の修行に励む。同時に、空軍内、さらには、オタワ地域において精力的に柔道の指導に携わり始める。折しも、六四年の東京オリンピックで初めて五輪種目となった柔道は一層注目される。マサオ氏は、空軍関係者およびオタワの地元民の間で、柔道家として尊敬を集める存在となった。それは、決して容易でない境遇に置かれていた日系カナダ人の地位向上に直結した。

六九年一〇月、マサオ氏は、オタワのダウンタウン、メルローズ通りに、タカハシ道場を開設。不惑の年を迎え、空軍に籍を残しつつも、柔道指導者として第二の人生を歩み始めたのだ。七〇年一月には、当時の近藤晋一駐カナダ特命全権大使も参加して、道場で日本の伝統に則り正月の餅つきや鏡開きも行われた。マサオ氏の長男アリーン・タカハシさんは当時中学生で、その様子を鮮明に憶えていると筆者に語ってくれた。

そして、マサオ氏は、空軍勤続二二年を経て除隊。タカハシ道場の運営に専念する。そもそも道場の開設前から、マサオ氏はオタワ在住の青少年に柔道指導を行っていたがゆえに、道場には人種を超えて多数のカナダ人青年が参集するようになった。

技だけではなく心をも鍛える柔道の核心に依拠する、カナダにおける最高レベルの柔道指導だ。世界レベルの柔道家を多数育成した。

その上、マサオ氏は講道館の国際部とも緊密に連携し、門下生を日本に派遣。柔道の母国での修練の機会を与えると同時に、日本からも柔道訓練生を積極的に受け入れた。柔道を通じた日加青年交流にも貢献した。

やがて、マサオ氏は、カナダ柔道界の「生みの親」たる存在として名声を得るに至る。高潔かつ誠実な人柄やリーダーシップと実行力は、空軍、オンタリオ州政府さらには地域の柔道関係者から高く評価され、後年、カナダ国政府、オンタリオ州政府などから多くの賞が授与されることになる。

歳月は流れ、二〇〇二年、七二歳になったマサオ・タカハシ氏は瑞宝章を叙勲される。功績は、①戦後のカナダにおける日系カナダ人の地位向上、②柔道を通じた日本とカナダの友好親善の促進、③オタワにおける日系カナダ人コミュニティーの発展、だ。

今日のきわめて良好な日加関係と大きな尊敬を集める日系カナダ人を思う時、マサオ・タカハシ氏の功績は非常に大きい。

柔道は、カナダにおける主要なスポーツにして、日加関係の象徴でもある。

第四章　地球温暖化対策への挑戦と苦悩

地球温暖化は、人類の生存に直結する問題だ。

主たる原因は、二酸化炭素などの温室効果ガス（ＧＨＧ）である。それゆえ、この問題に対処するには、ＧＨＧの排出を抑制することが不可欠だ。そのための国際的枠組みであるパリ協定を批准した国・地域は、今や一九〇を超える。その中の一四〇ヶ国余は、二〇五〇年までにＧＨＧの排出を差し引きゼロにする目標にコミット。各国は、目標達成のためＧＨＧの具体的な削減計画を定め、取り組みを強化している。

そして、世界の経済・社会のあり方は急速に変わっている。例えば、石炭は一九五〇年代以降「黒いダイヤ」と呼ばれ、各国の電力を支え、産業を支え、工業化の原動力であったが、今や、ＧＨＧ排出の元凶の如く言われ、経済活動から急速に締め出されている。化石燃料である石油と天然ガスについても、規制強化の流れが国際社会の基調となっている。

国際的な規範は激変しているのだ。各国とも、ＧＨＧを着実に減らし、かつ経済成長を遂げ、存在感を高めようとしている。一方、地政学的な現実は予断を許さず、競争は苛烈だ。次世代の技術・基準・ビジネスモデルを握るものが世界を制する。国家も、企業も、研究者らも、時に協力しつつもしのぎを削っている。

カナダの取り組みについて見てみよう。

1 トルドー政権の取り組み

地球温暖化対策をめぐるカナダの政治的現実

カナダの地球温暖化対策を見る上で、留意しておくべき三つの視点がある。

第一に、エネルギー資源の偏在だ。カナダは、先述の通り、自給率一八〇%の潤沢なエネルギー大国である。しかし、日本の二七倍の広大な国土の中にエネルギー資源は偏在しており、州・準州単位でのエネルギーミックスは多様である。ケベック州やユーコン準州などは、GHGを排出しない水力発電が豊富。一方、西部のアルバータ州は、石油・石炭・ガスの世界有数の産地である。同じく西部のサスカチュワン州はエネルギーの半分近くを石炭に依存している。ニュー・ブランズウィック州は積極的に原子力発電を進めている。ノヴァスコシア州は化石燃料と自然エネルギーの双方に依存している。各州は、温暖化対策に関しても異なる立場にある。

第二に、カナダは連邦制であり、憲法で各州・準州に大きな権限が認められている。連邦政府といえども、州・準州の権限に介入はできない。一方、温暖化対策はきわめて今日的な政策課題であるため、連邦政府と州・準州の権限の境界にさまざまな見解がある。法廷闘争に至る場合もある。

第三に、二大政党である自由党と保守党がまったく異なる気候変動政策を掲げていることだ。最近ではほぼ一〇年毎に政権交代をしてきたため、その都度、気候変動政策は方針転換を余儀なくされてきた。

例えば、一九九三年から二〇〇三年まで、自由党のジャン・クレティエン首相が政権を率い、その間、温暖化対策の取り組みを強化し、京都議定書に参加した。続く同じ自由党ポール・マーティン政権では、排出量取引の導入に向け準備を進めた。しかし、〇六年の総選挙で、保守党のスティーヴン・ハーパー政権が誕生。排出量取引の導入を取りやめ、京都議定書からも脱退した。それぞれにさまざまな論点があり単純化はできず、政権として熟考した結論である。ただし、ハーパー首相は、石油・石炭・ガスの一大産地アルバータ州を地盤としている点は指摘しておきたい。

そして、一五年一〇月の総選挙で、ふたたび政権交代となる。ジャスティン・トルドー率いる自由党は、事前の予想を覆して、下院三三八議席のうち一八四議席を獲得する大勝利を収める。九年九ヶ月続いた保守党のハーパー政権は九九議席と惨敗した。

選挙戦が始まった同年八月の段階では、自由党の議席はわずかに三四議席で第三党であった。〇六年に政権を失って以来、低迷していたのだ。自由党は、党勢の回復をめざし、一三年四月に新しい党首として、トルドー下院議員を選出した。六八年から八四年まで、九ヶ月間の保守党政権を除き、約一六年にわたり首相を務めたカナダ現代史に残るピエール・トルドーの長男である。とは言え、バンクーバーの高校で演劇の教鞭を執っていた当選二回の四一歳である。政治経験不足を指摘する向きもあった。だが、そのトルドー党首が一〇年ぶりに自由党を政権に復帰させた。

トルドー政権の誕生と環境政策の積極展開

トルドー政権は、二〇一五年一一月の政権発足直後から、地球温暖化対策・環境政策を積極的に進める。

今から振り返れば、この年は、世界の環境政策・地球温暖化対策にとってきわめて重要な節目の年であった。歴史上初めて、すべての国が地球温暖化の原因となるGHGの削減に取り組むことを約束したパリ協定が採択されたのだ。京都議定書に代わる枠組みの構築をめざし、四年余にわたる一進一退の厳しい交渉が行われ、最終的な詰めは、パリで開催された第二一回COP（国連気候変動枠組条約締約国会議）での閣僚レベルに持ち越された。それでも、連日夜通しの交渉の末、同年一二月一二日深夜に妥結したのだった。

発足からわずか六週間のトルドー政権は、この国際社会の団結を示すきわめて劇的な展開を受けて、温暖化対策を果敢に進める。動きは早かった。

翌一六年三月、連邦政府は各州・準州とともに「環境に優しい成長と気候変動に関するバンクーバー宣言」を発表した。この宣言は、トルドー首相とすべての州・準州首脳が、連携して対処する旨を明記。各州とも独立意識が強い上に、政治・経済の状況も産業構造も異なる一〇州と三準州の連携が明記されたことは、画期的であった。政権発足後の非常に印象的なスタートダッシュであり、その後の対策の基礎となる。

四月、カナダは日本を含む一七四ヶ国・地域とともにパリ協定に署名。

七月二四日、連邦政府は、州・準州とも調整し、「バンクーバー宣言」を具体化して「環境に優しい成長と気候変動に関する汎カナダ枠組み」を発表した。この「汎カナダ枠組み」は、カナダ史上初の気候変動に関する国家計画の骨格を示すものであり、その後の温暖化対策の柱となっていく。

主要ポイントは、①カーボン・プライシングの導入、②三〇年までの石炭フェーズアウト、③クリーン燃料部門、ZEV（ゼロ・エミッション車）へのインセンティブ付与、④石油ガス部門からのメタンガス排出の四〇－五〇％削減、だ。

ジャスティン・トルドー

汎カナダ枠組みは、GHGを確実に減らすと同時に、脱炭素時代の戦略産業を育成するためのきわめて野心的な取り組みを明示した。ただし、温暖化対策に野心的であるということは、総論では賛成でも各論では反対という状況に繋がることを意味する。連邦政府と州・準州政府の間では、具体的な対策をめぐり意見の相違が表面化した。特に、化石燃料への課税を含むカーボン・プライシングについては、西部のマニトバ州とサスカチュワン州が反発。もともと増税を忌避する伝統の強い両州が汎カナダ枠組みへの署名を拒否する事態となった。新政権発足から半年余を経て、連邦政府と州政府との蜜月はここに終わりを告げた。

カーボン・プライシングについては、現在に至るまで、連邦政府と州・準州政府の間に深刻な対立を生んでおり、連邦と州の権限をめぐって、最高裁を舞台にした法廷闘争に至っている。この点については、第3節で詳しく記す。カナダという国家の抱える可能性と課題を浮き彫りにしている。

ともあれ、一〇月、連邦議会の承認を経て、カナダはパリ協定を批准した。同時に、GHGを二〇三〇年までに、〇五年比で三〇%削減する目標を掲げ、気候変動対策を積極的に推進していく。

G7シャルルボワ・サミットと地球温暖化ガス汚染価格法

政権を担って三年目、二〇一八年は、カナダがG7の議長国を務める年だった。トルドー首相は、六月八〜九日、ケベック州シャルルボワにおいてG7サミットを主催する。米国のトランプ大統領がパリ協定から離脱した中で、各国首脳がいかに議論を進めるかに注目が集まった。G7首脳たちの議論は、地域情勢、安全保障、経済関係など多岐に及ぶが、シャルルボワでは特に、「気候変動・エネルギー」が主要議題の一つだった。G7議長としての采配を問われる試金石でもあった。結果、トランプ大統領を除いたG7首脳からパリ協定の合意内容の着実な実施について、コミットメントを確認した。重要な成果だった。

そして、シャルルボワ・サミット直後の六月二一日、トルドー首相は「地球温暖化ガス汚染価格法（GGPPA：Greenhouse Gas Pollution Pricing Act）」を成立させた。「汎カナダ枠組み」で示したカーボン・プライシングを実現していく上でのきわめて重要な法的基盤だ。

GGPPAは、連邦レベルで二つの仕組みを規定している。一つが大規模事業所を対象とする「排出量取引」で、もう一つが一般市民をも対象とする「連邦炭素税」だ。

排出量取引は、年間五万トン以上のCO_2を排出する設備に対して、各業界の平均排出量から算出される排出枠を連邦政府が設け、この排出枠を年々縮小させる制度だ。各企業は、縮小していく排出枠にGHGを収めるため、新たな技術の導入などの自助努力が求められる訳だ。仮に枠を超過した場合には、排出量削減に成功した企業から「排出枠（クレジット）」を購入する、あるいは連邦政府が設立した技術基金から超過分に相当する「クレジット」を購入することとされている。

連邦炭素税は、ガソリンやディーゼルなど化石由来の燃料の価格に、温室効果係数を勘案して加算される税であり、一九年四月一日から導入された。三一年三月三一日までの税額が明記されている。具体的には、一九年度（四月一日〜翌年三月三一日）は、CO_2排出一トンあたり二〇加ドル。以後、毎年四月一日に一〇加ドルを増額し、二二年度には五〇加ドルとなる。二三年度以降は毎年一五加ドル増額し、三〇年度は一七〇加ドルとなる。

GGPPAが発効したことで、政権の一丁目一番地である地球温暖化対策について、方針を表明し、計画を示す段階から実行する段階に入ったのだ。

総選挙と気候行動サミット

二〇一九年九月、任期満了の直前、トルドー首相は下院を解散し、選挙戦に突入する。ニューヨークの国連本部では、九月二三日に気候行動サミットが開催された。焦点は、パリ協定を受けて、二〇五〇年までのネットゼロ達成に向けて何ヶ国がコミットメントを表面するかだった。政権獲得以来、国内の抵抗勢力を抑え、気候変動対策を積極的に進めてきたトルドー首相は、何を置いても参加し、二〇五〇年ネットゼロへのコミットメントを表明したかったはずだ。しかし、政治の現実はそれを許さなかった。政権獲得後初めて国民の審判を問うのだ。選挙最優先とならざるを得なかった。

気候行動サミットの成果として、六五ヶ国・地域が二〇五〇年までにGHGを実質ゼロにすると約束したことが報告された。

トルドー首相はこの報告を受け、翌二四日にオタワで記者会見を開き、二〇五〇年ネットゼロをめざすことを選挙公約に掲げた。投票日の一〇月二一日に向け、精力的に国内を遊説した。しかし、選挙結果は厳しいものだった。政権を維持することはできたものの議席を一五七に減らした。過半数は一七〇議席であり、少数与党となった。難しい政権運営が待ち受けることになる。

それでも、トルドー政権は、地球温暖化対策に邁進する。一九年一二月一五日、選挙後最初の議会が開会され、ジュリー・ペイエット総督のスローン・スピーチ（君主による演説、実質的にはトルドー政権の所信表明）が行われた。そこで、カナダとしての二〇五〇年ネットゼロを正式に表明したのだった。

元グリーンピース活動家、ギルボー登場

二〇一九年の総選挙で、少数与党となったトルドーの自由党ではあるが、ケベック州の選挙区から一人の注目すべき新人議員が初当選した。スティーヴン・ギルボーだ。彼の競った選挙区は、新民主党（ＮＤＰ）の現職議員の地盤であり、自由党に逆風が吹く中であったにもかかわらず、見事、現職を破り議席を獲得した。

ギルボーは、一九七〇年六月生まれの四九歳（当時）。フランス系のカナダ人で、ロック

クライミング愛好家のスポーツ万能にして秀才。当初、コンピュータ・サイエンス専攻だったが、産業政策、その後に政治学を修める。国際的なモラルの問題に強い関心を持ち、貧困問題、環境政策を研究した。名門モントリオール大学を卒業した後は、友人と環境NPOを立ち上げ、後に、環境保護団体グリーンピースのケベック支部長になった。過激な環境活動家として知られ、著作もあるが逮捕歴もある。

選挙後の一九年一一月、トルドー首相は、新内閣を発足させる。ギルボーを初当選ながら入閣させ、遺産大臣（Minister of Canadian Heritage）に任命した。このポストは、新閣僚の登竜門とも言われ、文化遺産や自然遺産、文化財保護、文化的多様性の促進を任務とする。首相はギルボーを試したかったのだろう。

しかし、新内閣は、そのスタートから三ヶ月後には、新型コロナ感染爆発に直面する。二〇年は感染対策で明け暮れた。明けて二一年、事態は落ち着きを見せ、支持率は持ち直した。少数与党の悲哀を味わったトルドー首相は、過半数獲得の好機と見て同年九月、下院を解散した。だが、結果は、五議席増やしたものの、過半数には届かなかった。新民主党と閣外協力を結び、何とか政権基盤は維持した。

翌一〇月、トルドー首相は新内閣を発足させる。コロナ後の国内政策から外交・安全保障政策まで課題は待ったなし。中でも、地球温暖化対策は最優先だ。その目玉人事が、ギルボーの環境・気候変動大臣への起用だった。世界的な話題となり、日本でも報道された。

この関連で、ニューヨークタイムズの政治記者でピューリッツァー賞受賞者でもあるヘドリック・スミスが八八年に出版した『パワー・ゲーム』について簡単に記したい。この書籍は、政治をアメリカン・フットボールに例えつつ、その本質を喝破した名著だ。スポーツでも政治でも、攻めと守りがある訳だが、適材適所が肝要だ。それぞれの局面で最適の選手を起用することが勝敗の鍵だ。人事に政権の本質が現れるのは、洋の東西を問わないのだ。

CNタワー登頂でアピール

ギルボーと言えば、二〇〇一年七月、トロントの名所CNタワー登頂が多くの人々の記憶に残っている。地球の未来のために温暖化を止めなければならないと真剣に思い詰め、止むに止まれず行動する若き環境活動家の姿だ。

当時、三一歳で、グリーンピースのケベック支部長。地球温暖化対策の最前線は、「京都議定書」の交渉だったが、先進国と途上国の対立は顕著で、なかなか進展しない状況に業を煮やしたギルボー支部長は、世界にアピールする方策を思案した。それが、当時世界一高い建造物だったCNタワー五五三メートルへの登頂だ。ロッククライミング愛好家ならではの前代未聞のアイデアだ。もちろん違法だし危険なことは重々承知の上。温暖化対策の重要性を伝えるメッセージを持って巨大なCNタワーを登れば、大きく報道され、世界が注目するはずだと確信する。

数週間かけて、入念に準備した。ギルボー支部長と登攀パートナーの英国人活動家クリス・ホールデンの二人は、午前三時過ぎ、守衛の見回りの間隙を縫って敷地内に入り、登頂を開始する。午前四時、守衛が気付いた時には、すでに地上九メートルに達しており、止める手立てはもうなかった。登攀の途中で、ギルボーは携帯電話でメディアのインタビューを受け、温暖化対策の重要性を世界にアピール。四時間後、二人は展望台のある三五〇メートルまで到達した。そこで、「カナダとブッシュは気候変動対策キラーだ」という巨大な垂れ幕を掲げた。

多数のメディアが殺到し、目論見どおり、メッセージは世界に届いた。展望台に到着したギルボー支部長は、トロント警察に逮捕されるのだが、その際、警官は「よく登り切ったな」と述べたという逸話が残っている。危険な行為ではあったが、破壊や暴力はない。数日後には釈放され、ギルボー支部長は、ボンのCOP6再開会合に駆けつけ京都議定書の最終局面に滑り込んだ。

実は、この行動には、幼き日に伏線があった。ケベック州ラ・トゥーク出身で地元の森で遊ぶのが大好きなギルボー五歳の頃の話だ。地元の森林を伐採する話が持ち上がり、業者が準備を始めている様子を見たギルボーは、母親に相談する。どうやったら大好きな森林を守れるのか、と。そこで母親は、一本の木に登れば、少なくともその一本は守れるかもしれない、と言ったそうだ。幼きギルボーは実際に登り、一本の木を数日間守ったという。「三つ子の魂百まで」とはこのことだ。

トルドー首相は、根っからの環境保護派のギルボー環境・気候変動大臣の突破力に期待したのだ。もちろん、ギルボーが代弁している環境保護派からの政権に対する強力な支援と支持も期待した。

筆者との懇談の際に、ギルボー大臣が「トルドー首相は、自分（ギルボー）が環境保護活動家である素の自分のままで環境・気候変動大臣を務めることに意義があるのだと言ってくれました」と述べたのが印象深かった。

仏に魂を入れる「ネットゼロ法」の執行

環境・気候変動大臣の職務は多岐にわたるが、ギルボー大臣に期待されたのは、突き詰めれば、抵抗勢力を蹴散らし温暖化対策をできるだけ前進させ、その姿を内外に発信することだ。それは、ネットゼロ時代における国際場裡でのカナダの地位を向上させることに繋がるのだ。それゆえに、ギルボー大臣が真っ先に取り組んだのは、「ネットゼロ法（Canadian Net-Zero Emissions Accountability Act）」の執行だ。ネットゼロ法とは、カナダがネットゼロに向けて取り組んでいく上での具体的な目標を設定し、その実現に向けた計画策定の段取りを規定したプログラム法だ。二〇二一年六月に連邦議会を通過し、成立していた。

主要な内容は、次の三つの義務化だ。

①二〇三〇年の温暖化ガス削減目標を〇五年比四〇―四五％削減とし、そのための削減案の作成。

②その後の二〇三五年、四〇年、四五年それぞれの目標設定を、遅くとも各目標年の一〇年前までに行うこと。合わせて、各目標に向けた排出削減計画、進捗報告書、評価報告書の議会への提出と一般公開。

③環境・気候変動大臣に助言する独立諮問委員会の設置、財務大臣による気候変動の財務リスクと機会に関する年次報告、施行五年後の包括的評価。

そして、ネットゼロ法成立を受けた翌七月、カナダ政府は、上記①の削減目標を国連気候変動枠組条約事務局に提出した。これは一六年一〇月のパリ協定批准の際に掲げた目標（〇五年比三〇％削減）を大幅に引き上げるもので、本気度を示した。

しかし、この段階では高い目標を掲げたものの、目標を達成するための具体的な計画はなかったのだ。ネットゼロ法の成立は、それ自体画期的なことではあった。しかし、絵に描いた餅のままでは不十分だ。あるいは、仏を彫ったならば、次は、その仏に魂を入れなければならない。決して容易ではない任務を課されたのが、ギルボー環境・気候変動大臣であった。

二〇三〇年排出削減計画

環境・気候変動大臣就任から五週間後の二一年一二月三日、ギルボー大臣は、ネットゼロ法に基づく「二〇三〇年排出削減計画（ERP：Emissions Reduction Plan）」に関して年内に協議を開始し、二二年三月末までにERPを策定する旨を発表した。期限を切った野心的な発表は、化石燃料の中心地アルバータ州カルガリーで行われた。地球温暖化が危機的状況であるために、すべての州・準州、すべての産業の参加が不可欠である旨を明言。連邦政府、州・準州、産業、学術、専門家を交えた協議が始まった。

カナダ全体のGHG排出量は、CO_2換算で年間七億三〇〇〇万トン。石油・ガス部門が排出量の二六％、運輸部門が二五％、建物が一二％、重工業一一％、そして農業一〇％と続く。これを踏まえて、電力、石油・天然ガス、自動車からの排出の大幅な抑制をめざす方策が検討された。

そして、ギルボー大臣が表明した通り、協議開始から三ヶ月半を経た二二年三月二九日、トルドー首相は記者会見で、ネットゼロ法に基づく「二〇三〇年ERP」を発表した。同首相が「野心的だが実現可能である」と述べるこのERPは、二〇五〇年ネットゼロのきわめて重要な一里塚になる二〇三〇年までの包括的かつ具体的な計画で、九一億加ドル（約一兆円）の追加投資を含む。主な内容は、以下の五点だ。

①石油・ガス部門の排出量の上限を設定。一九年で一億九一〇〇万トンだった排出量を三〇年には一億一〇〇〇万トンに抑える。

②ZEVへの移行の加速。二六年までに、乗用車・ピックアップトラックの新車販売の

二〇%をZEVとし、以後三〇年までに六〇%、三五年までに一〇〇%とする。そのために、ZEV購入インセンティブに一七億加ドル、充電・燃料補給インフラ整備に九億加ドルの追加投資を行う。

③カーボン・プライシングも、現行の排出一トンあたり五〇加ドルを三〇年に一七〇加ドルに引き上げる。

④排出されたCO_2を回収・貯留し、さらに利用する技術(CCUS:Carbon dioxide Capture, Utilization and Storage)に取り組む企業への優遇税制の導入。

⑤再生可能電力と送電網の近代化プロジェクトへの六億加ドル支援。

二〇五〇年ネットゼロに向けて、GHG排出を削減しつつ経済を発展させるための官民あげての取り組みが本格化している。

次に、世界の最先端を走るカナダの取り組みについて見ていこう。

2 グリーン・エコノミー最前線

世界初のCCS

カナダは、二〇五〇年ネットゼロに完全にコミットし、GHG削減計画を定め、官民あげて、脱炭素社会の構築に邁進している。そして、三つの課題を同時に満たそうとしている。

GHG排出削減、雇用の維持、ネットゼロ時代の新しい技術と産業の導入だ。恵まれた天然資源と広大な国土、そして先取の精神がカナダの比較優位を握る。最前線にあるCCS、水素、小型原子炉、ZEVの四分野を概観しよう。

CCS（Carbon dioxide Capture and Storage：二酸化炭素回収・貯留）とは、工場や発電所等の産業活動から排出される二酸化炭素を、それが大気中に放散する前に回収して地下に貯留する技術だ。二〇五〇年ネットゼロに向けて、必要不可欠な技術である。なぜならば、GHG排出を最大限に抑制しても、生産活動の結果、不可避的にCO_2を排出するセクターは現実にはなくならない。排出されたCO_2を回収・貯留するCCSによって、実質的に大気中への排出を抑えることが可能となるのだ。

CCS（二酸化炭素回収・貯留）施設の内部

そして、カナダこそ商業的規模でのCCS施設を世界で最初に稼働させた国である。

カナダ西部の大平原にサスカチュワン州はある。日本のほぼ二倍の面積を有する広大な州で、人口は一二〇万人。南は米国ノースダコタ州とモンタナ州と接している。その国境沿いにあるのが、エステバン市だ。ここには、商業的規模で運用されている世界初にして、今でも火力発電所に付属する世界で唯一のCCS施設がある。

筆者は二二年八月に、この施設を訪れる機会を得た。州都リジャイナから南東に車で二時間、何もない大平原の中に忽然と発電所とCCS施設は現れた。

このCCSは、サスカチュワン電力公社が経営するバウンダリー・ダム発電所と完全統合されて運用されている。同発電所は、一九五九年から稼働している石炭火力発電所で、一号機および二号機はすでに停止して、現在は三号機のみが稼働中だ。三〇万キロワットの発電量で近隣のコミュニティー一〇万世帯に電気を供給している。CCS施設は、この三号機の不可分の一体で、石炭火力発電の際に排出される二酸化炭素の九〇%以上を、空気中に拡散される前に回収し、地下三二〇〇メートルの地層に安定的に貯留している。年間五〇万トン以上のCO_2を回収しているが、この量は一二万台の自動車が一年間に排出する量に匹敵する。しかも、回収されたCO_2の一部は後述する通り、近隣の油田に送付されて活用されている。CCSは大きな現実的インパクトを持つことを示している。

特筆すべきは、このCCS施設付きの石炭火力発電所建設について議論が始まったのは、二〇〇四年だったということだ。パリ協定採択よりも一〇年以上前。当時は京都議定書の時代だった。CCSに関して、技術的には可能だが、費用面を考慮した実現可能性については慎重な見方が大勢だった。

ただし、議論は始まったものの、前例もない世界初の取り組みゆえに、論議は迷走し、結論が出るまで時間はかかった。一〇年、ついにCCS付き石炭火力発電三号機の建設が始まった。

一四年一〇月、四年余の歳月と総工費一五億加ドルを費やして完成。実験施設ではなく、実際に商業ベースで稼働する世界初のCCSとして、運転が始まった。上述の通り、一〇万世帯分の電力を生み出しながら、排出される二酸化炭素の九〇%以上を回収している。

筆者は、グレッグ・ミルブランド所長から説明を受けながら施設内を視察した。その際、同所長が「サスカチュワンの誇りです。世界初の施設なので、予期しない障壁や想定外の事態も生じますが、修正や改善に取り組んでパフォーマンスの向上とコストの削減に繋げています」と述べていたのが印象に残る。

CCSの仕組みと環境への影響

ここで、CCSの基本的仕組みを見よう。名称の通り、CO_2の回収（Capture）と貯留（Storage）という二つの過程がある。

第一に回収だ。

まず、発電の過程で発生する排ガスは、発電所に隣接しているCCS施設の第一次管に送られる。この段階では、排ガスは非常に高温である。第一次管を通過する過程で排ガスは循環する水によって冷却され、三〇～四〇度にまで下がる。冷却された排ガスは、特別なアミン系の吸収溶剤に満たされたタンクに送付される。タンク内で化学反応が起き、排ガス中の二酸化炭素がアミン溶液と結合する。二酸化炭素を吸着したアミンが分離装置に送られ約一二〇度に加熱される。そこで、二酸化炭素とアミンが分離され、圧縮と脱水の過程を経て、二酸化炭素が回収される。

次に貯留だ。

回収された二酸化炭素は、特別な配管で発電所から三・五キロ離れた貯留施設まで送られる。ここには専用の井戸が掘ってあり、地表から三二〇〇メートルの地下にある砂岩層まで、回収された二酸化炭素は高圧で注入される。注入された二酸化炭素は地下三二〇〇メートルの岩石孔隙に閉じ込められる。理論的には、一旦、貯留地層に注入された二酸化炭素は、数世紀にわたり貯留状態が維持され、その層よりも上にある帯水層や地表に影響はないとされている。

とは言え、万が一にも二酸化炭素漏洩が発生する場合には、周辺環境への影響に関し深刻な懸念もあり得る。周辺住民および州政府・連邦政府等への説明責任を果たすことが不可欠だ。従って、飲用地下水の水質や地質の定期的な調査が行われている。また、人工衛星や人工振動を利用した地表面や地層の微細な変化についても常にモニタリングされている。実際の計測データより周辺環境に影響がないことが確認されている。この関連で、日本の独立行政法人JOGMEC（エネルギー・金属鉱物資源機構）が最新鋭の計測器を設置する等、この分野でも日加間の具体的な協力が進んでいる。

　そして、CCSに関し明確になってきたことがある。それは、CCSの技術があるからと言って、世界中どこででも実用化できる訳ではない、ということだ。回収したCO_2を安定的に貯留するためには、それに適した地下の岩盤構造が不可欠ということだ。その意味でも、カナダ西部には地の利があると言える。

回収された二酸化炭素の利活用

サスカチュワン電力公社は、CCSによって回収した二酸化炭素を積極的に利活用している。例えば、回収された二酸化炭素の販売である。発電所から約五〇キロ離れたウェイバーン油田に回収されたCO_2の一部が送られ有効活用されている。これは、「石油増進回収（EOR：Enhanced Oil Recovery）と呼ばれる技術で、油田に二酸化炭素を注入、その圧力によって油田に残留している原油を押し出しつつ二酸化炭素を地中に貯留している。まさにCCUSの好例だ。

　加えて、回収された二酸化炭素のオフセット・マーケットの構築も進む。CCS稼働中のデータは、国際CCSナレッジ・センターと共有され、知見の蓄積と研究の推進に貢献している。また、二酸化炭素回収の際の副産物である二酸化硫黄や燃焼灰の販売も進んでいる。大平原のサスカチュワン州で、地球温暖化対策の切り札であるCCSエコシステムが構築されつつある。

筆者は同州を訪問し、スコット・モー州首相と懇談した際、同州首相は「日本とは食料や環境・エネルギー分野で利益を共有しています。東京に州事務所も開設しています。サスカチュワン州は、連邦政府と対話しながら、産業界と緊密に情報・意見交換を行い、GHG排出削減のために必要なイノベーションに力を注いでいます」と述べ、CCS等環境エネルギー分野に対する日本企業の一層の出資・投資に期待を示した。

未来のエネルギー・水素

二〇五〇年ネットゼロを達成するための鍵の一つは、GHGを排出しないエネルギーを実用化することだ。注目されるのが水素である。水素を燃料として使うシステムであれば、CO_2は排出されない。また、窒素や硫黄などの有害な化合物の排出もない。理想的なエネルギー源とも言える。

ただし、燃料として使うためには、水素はガス状（H_2）でなければならない。自然界には、水素元素（H）は無尽蔵に存在しているものの、水素ガスという状態では存在しない。その意味で、水素ガスは工業生産物である。ゆえに、水素ガスの製造工程におけるエネルギー消費やCO_2排出について、しっかりと吟味する必要がある。

そこで、水素ガス自体は無色・透明であるが、温暖化対策の文脈では、製造方法により次の四つに水素ガスを色分けしている。

①グリーン水素：水力発電によって得られた電力を用いて水（H_2O）を電気分解して、GHGを排出することなく製造されたもの。

②ブルー水素：石油、天然ガス、あるいは石炭といった化石燃料から製造された水素で、副産物として発生するCO_2がCCS施設によって回収・貯留されているもの。

③ピンク／イエロー水素：原子力由来の熱や電力を利用して製造された水素。

④グレー水素：化石燃料から製造された水素で、製造過程で発生するCO_2が回収されずに大気中に放出されるもの。カーボンニュートラルの観点からは評価されないので、「グレー（灰色）」と呼ばれる。

カナダにおける水素生産の可能性を見てみよう。実は、ここにも大きな優位性がある。カナダの電源構成は、世界第三位の発電量を誇る水力発電が総発電容量の六割を占める。次が原子力で約一五％、加えて、風力・太陽光などの再生可能エネルギーの導入も進んでおり、約八％である。つまり、GHGを排出しないクリーンな電源が全体の八割以上を占めている。よって、豊富なクリーン電力を利用して、水電解による規模の大きなグリーン水素の生産が可能となる。

また、カナダは、石炭・天然ガスなどの化石燃料が豊富に埋蔵されている。加えて、西部には永続的にCO_2を貯留できる地層が広がっている。よって、豊富な化石燃料から水素を製造し、発生するCO$_2$をCCS施設で回収・貯留することで、ブルー水素の生産が可能だ。

要するに、カナダには、カーボンニュートラルの観点から意義深いグリーンとブルーの水素を生産する現実的な土台がある。後は、利用の拡大と輸出だ。広大な国土を有するゆえに、内陸の輸送も含めてできるだけコストを抑え、価格競争力を持つことが重要だ。

そこで、カナダ政府は、二〇五〇年ネットゼロ実現を視野に、水素の生産、利用、輸出に向けて、本格的な検討を開始した。

官民あげた水素戦略

二〇二〇年一二月、カナダ政府は、「カナダのための水素戦略：水素開発事業の機会をつかむ（Hydrogen Strategy for Canada: Seizing the Opportunities for Hydrogen）」を発表した。この戦略は、一七年以来、政府、産業界、労働者、学界、先住民団体を含む約一五〇〇人の専門家や利害関係者の意見を聴取して行われた、三年間に及ぶ研究と分析の結果を天然資源省がまとめたものだ。

主な内容は、以下の五点にまとめられる。
①二〇五〇年ネットゼロというパリ協定の合意を実現するために、水素の生産、利用、輸出を促進する。
②国内に水素ハブを創設する。

③水素関連で三五万人の新たな雇用を創出する。
④二〇五〇年までに、年間水素生産量二〇〇〇万トンの世界トップ3のクリーン水素生産国をめざし、世界から選ばれる水素供給国となる。
⑤同時に、カナダ国内のエネルギーの三〇％を水素で供給する。

カナダ政府は、水素戦略と同時に、「健全な環境と健全な経済」と題する行動計画を発表。水素の利用を拡大していくための取り組みだ。先行投資として一五二億加ドルを準備し、①住宅・建物・施設等の省エネ化、②運輸・電力部門のグリーン化、③炭素税導入、④クリーン産業の育成、⑤自然環境保護、という五本柱の下に合計六四の施策を定めた。

この水素戦略は、連邦国家として取り組む全体像を示すものである。きわめて野心的であり、カナダの潜在力を開花させることを企図している。

一方、前述の通り、日本の二七倍の国土を持つカナダは州によってまったく異なる事情を抱えている。一つの例として、中西部アルバータ州の取り組みを見ていこう。

官民あげて二〇五〇年ネットゼロに向かう中、アルバータ州はその荒波の真っ只中にある。カナダ全体のGHG排出量の約三分の一を占めるのが同州である。主要産業であるオイルサンド事業から外資撤退、金融機関の投資引き揚げに直面している。切羽詰まり、必要に迫られ、時代の変化に対応しなければならない。まさに、この州でこそ、水素戦略の真価が問われている。

州政府は、二一年、「アルバータ州水素ロードマップ」を発表。三〇〇億加ドル（約三兆三〇〇〇億円）の新規投資と世界市場への輸出をめざすとしている。州都エドモントンを含む工業地帯には、化学肥料を含め先進企業が集積している。しかも水素の原料になる天然ガスが豊富である。既存のパイプラインも活用できるので、コストを抑えられる。加えて、エドモントンはカナダ第五の大都市であり、輸送・暖房・発電の各分野での水素の潜在需要が期待できる。

この関連で注目すべき動きがある。二二年四月二六〜二八日、エドモントンでカナダ初にして世界的にも最大規模の「水素会議」が開催されたのだ。アルバータと言えば石油とガス。化石燃料産業の一大集積地にして多くの雇用を生み、カナダ経済を支えてきた。だが、排出削減の流れの中で、クリーン・エネルギーへと舵を切り始めた。水素会議の開催は変化の象徴でもある。

日加米を含め二十数ヶ国から、参加企業一四八〇社、参加者総数五二六八人、各セッションでの発表・演説一五〇件、出展企業六二社という規模だ。カナダ政府はじめ、トヨタ等世界の主要企業がスポンサーに名を連ねた。議論は以下のように集約される。

①カナダは、水素・アンモニアの有望な供給国。
②日本を筆頭にアジア諸国はクリーン・エネルギー需要の有望な市場。
③カナダと日本等アジア諸国との連携・協力は、水素等を通じた脱炭素経済の発展にと

って不可欠。

④ネットゼロ達成のため、最先端技術を活用した実証実験を促進する。

以後、この水素会議は規模を拡大しながら、毎年四月下旬にエドモントンで開かれている。また、水素を軸にした脱炭素社会の構築を視野に入れ、エドモントン国際空港を舞台に、日本勢も参画している示唆に富むプロジェクトが進行中である。NTT、JOIN（海外交通・都市開発事業支援機構）が、それぞれエドモントン空港管理会社との間で協力覚書を締結し、生活に密着した水素ハブの構築に向けて取り組んでいるのだ。三井物産が出資しているケベック州のスタートアップ企業レテンダ社製の電動バスが自動運転で空港を走る。空港と市内を結ぶタクシーの半分を水素燃料自動車とする計画も進行中で、トヨタが車両を提供する。エドモントン空港を中核として、最先端デジタル技術を導入したスマート交通が展開しているのだ。

カナダ水素のボトルネック

現在、世界のエネルギー情勢は、大きく変化している。二〇五〇年ネットゼロに向けて、水素の需要は少なくとも二〇二〇年比で一〇倍以上になるとの試算がある。「水素戦略」では、水素の市場規模は世界全体で二・五兆ドル以上になると予測されている。

また、アジア太平洋エネルギー研究センターによれば、カナダ最大にして世界有数の水素ハブが形成されているエドモントン大都市圏は、ブルー水素製造コストに関しロシアを除いて世界で最も低い。価格競争力はきわめて重要な指標だ。関係者によれば、需要があれば、生産拡大に大きな問題はないという。

二二年八月、ショルツ独首相がカナダを訪問した際に、加独水素合意が発表された。大西洋横断カナダ・ドイツ回廊を構築し、二五年までにカナダのクリーン水素の対独輸出をめざす野心的内容だ。

日本・韓国などアジア太平洋地域への輸出についても、日本企業が具体的なビジネス・プロジェクトを検討中である。大きな利点は、カナダ西海岸からの海上輸送である。日数にして一〇日。台風やハリケーンの影響はほぼなく、海賊のリスクもない。地政学的に機微な海域もない。しかも、液化水素の運搬には専用の船が必要となるが、川崎重工が世界に先駆けて水素運搬船を建造し、運用が始まっている。

しかし、カナダの水素に死角がない訳ではない。

オーストラリアは、カナダに先んじてすでに実験的ながら水素輸出を行っている。国際競争は始まっており、価格競争力が鍵になる。カナダは製造コストでは優位にある。海上輸送については日数も運搬船も競争力で引けを取らない。後は国内の陸上輸送をリーズナブルなコストで実現できるか否かによる。

しかるに、ここには大きな課題があるのだ。アジアに供給する場合、ガス状の水素を西海岸のプリンス・ルパート港まで送って、液化して専用の水素運搬船に積む。内陸のアルバータ州エドモントン地域から太平洋岸のBC州プリンス・ルパート港まで州を跨ぎ、カナディアン・ロッキー山脈を越え、幾多の先住民管轄地域を通って、鉄道またはパイプラインで運ぶことになる。国内輸送インフラの整備、運搬保険料など、連邦政府、州政府、先住民、日加企業の間での連携・調整が必要となる。

賛否うずまくSMR（小型原子炉）

二〇五〇年ネットゼロ達成のためのエネルギー・トランスフォーメーションで、水素と並び注目を集めているのが小型原子炉（SMR：Small Modular Reactor）を用いた原子力発電である。

累次にわたり述べている通り、二〇五〇年ネットゼロへ向けて、各国政府および民間セクターを含む国際社会が全体として取り組みを強化している。確かに、化石燃料への追加投資は抑制されている。特に、石炭関連の投資は急速に縮小してきている。一方、再生可能エネルギーへのシフトは一足飛びに進んでいる訳でもない。その上、エネルギー価格は地政学的リスクの影響を受け、再生可能エネルギーは天候に左右される。そんな中で、安全面とコスト面で優れると見られているSMRの開発競争が加速している。

最大のポイントは、GHGを排出しない、ということ。ネットゼロに向けての切り札の一つと言える。

その上で、従来の原子力発電所に比べて、小型であることの利点が大きい。まず、原子炉のサイズが小さいので、炉の容積の割に表面積が大きくなり、冷却しやすい。つまり、従来の原子力発電に比べて安全性が高い。例えて言えば、冬の風物詩おでんで熱く煮込んである大根やさつま揚げは冷めにくく、薄い昆布はすぐに冷める。緊急時の原子炉冷却が容易であり、安全性に優れているとされている。

また、工場で作った部品（モジュール）の組み立てで発電施設を建設するので、従来の原子力発電所に比べて、工事期間は短く、周辺への環境負荷も小さい。時間的にも経費的にもコストが低い。

さらに、モジュールの利点を活かせば、離島、僻地、極地など送電網が装備されていない地域でも、必要な電力量に合わせて設置することが可能だ。

とは言え、未だ実用段階には至っておらず、賛否両論があるのも事実だ。

そのような中、二三年一一月には、米国初のSMRとして注目されていた計画が頓挫した。米新興企業ニュースケール・パワー社とユタ州自治体電力システムがアイダホ州において共同で進めていた建設計画の中止が発表されたのだ。最大の問題は、米政府の補助金を加味してもSMRの発電コストが想定を大幅に上回ったからだという。近年のインフレで建設に必要な資機材が高騰したことも響いた。結局、プロジェクトを継続するのに十分な電力購入者を獲得できる可能性が低いと説明された。

従来から、SMRについては、理論的には利点があるものの、実現性や経済性、安全性は疑問視されていた。そこに輪をかけて、米国原子力規制委員会が設計を認証した唯一のSMRの建設計画が中止されたのだ。このインパクトは大きいものがある。「根拠のない熱狂」と切り捨てる向きもある程だ。今後の再生可能エネルギーの供給量や価格、地政学的なリスクの切迫感等の動向に左右されるとの指摘もある。

一方、カナダでは、連邦政府がSMRを主導し、実用化に向けて着実に前進している。燃料となるウランについても、カナダは世界第二位の生産国であることを忘れてはならない。

官民をあげたSMRへの取り組み

カナダにおけるSMRの議論は、トルドー政権の誕生前に始まっていた。遡ること二〇一五年九月、政府は、天然資源省とカナダ原子力公社を中核に「原子力科学技術ワークプラン」を作成。SMRについても視野に入れていた。

トルドー政権は、二〇五〇年ネットゼロ達成に向け包括的に取り組む中で、SMRの可能性に着目する。天然資源省を軸に、次の五つのワーキング・グループ（WG）で、それぞれの論点に関し詳細を検討し、一八年一一月にロードマップを作成した。
①技術WG：実証炉を建設する。燃料供給確保のための米国等の同志国と協働する。

②規制準備WG：リスク情報基準に基づくSMRに対する原子力賠償の適用を制限するため規則を改訂する。
③先住民および市民雇用WG：先住民を含む市民の考え、態度および理解を定性的・定量的に評価する。
④廃棄物管理WG：使用済み燃料の長期間の取り扱いなどの技術的要件について、核燃料廃棄物の管理当局との情報交換を始める。
⑤経済と財政WG：政府は産業界と連携してR&D（研究・開発）活動を支援し、新たなマーケットを開拓する。また、政府はSMRのコスト削減にコミットする。

このロードマップにおいて、SMRは、気候変動とクリーン・エネルギー政策だけでなく、エネルギー安全保障の観点からも重要であると指摘された。大規模な世界市場が開ける可能性についても言及。SMRを「より小さく、よりシンプルで、より安価な」原子力エネルギーを求める市場への回答である、と結論づけた。

二〇年一二月、天然資源省は「カナダSMR行動計画」を発表した。大きな特徴は、合計一〇九もの組織が参画していることだ。連邦政府に加え、州・準州、先住民、市町村、電力会社、NPOなどの市民団体、教育関係者、大学など学術・研究機関、原子力関係団体、SMRの資機材を納入する企業を含む産業界が集結した。

今やカナダは、官民あげてSMRの実用化に向けて取り組んでいる。例えば、政府は、S

MRの開発と導入計画を策定し、燃料供給と廃棄物処理について支援プログラムを実施している。税控除も導入した。連邦政府傘下のインフラ銀行は、オンタリオ州の州営電力会社（OPG：オンタリオ・パワー・ジェネレーション）へ融資している。

次に見るように、北米初のSMRとして東部オンタリオ州のプロジェクトも進んでいる。

極地で関心の高まるMMR（超小型原子炉）

二〇二三年一月、オンタリオ州の州営電力会社OPGは、日立GEニュークリア・エナジー（GEH）社など三社と提携契約を結んだ。同州南東部のオンタリオ湖畔ダーリントンにある原子力発電所内にSMRを建設するためだ。これは、北米における電力網規模（グリッドスケール）のSMRとして初の商用契約である。GEHは、出力三〇万キロワットの沸騰水型の次世代小型原子炉「BWRX－300」を納入する。二八年一〇～一二月の建設完了をめざしている。

この小型軽水炉は、革新的な安全システムにより、仮に外部電源が喪失しても自然冷却できるために安全性が高いとされている。また、モジュール化率を向上させた工場完成一体据付建設手法により、リスクを低減し、工期の短縮と費用の低減が見込まれている。設備の簡素化、最小化により、従来の大型原子炉と比較して一MWあたりの建設資材を五〇％削減できるという。

そして、中西部のサスカチュワン州も、オンタリオ州に続き、GEH社のSMRを導入する計画である。建設候補地も絞り込んでおり、連邦政府は最大七四〇〇万加ドル（約八〇億円）の支援を提供する旨を表明している。最終意思決定は二九年に行う予定である。オンタリオ州のプロジェクトがそれまでに建設が完了し運転が始まる予定なので、そこで得られた経験や知見を活用し、効率的に導入する意向だ。

さらに、アルバータ州やニュー・ブランズウィック州でも、SMRの導入に向けた議論が加速している。

実は、北極地域に存在するコミュニティーにおいても、SMR、さらにはより小型のMMR（マイクロ・モジュール原子炉）への関心が高まっている。筆者は、二三年六月にノース・ウェスト準州の州都イエローナイフに出張し、準州政府関係者との意見交換の機会を得た。その際に、準州経済開発省次官が述べた次のポイントが核心を突いている。

「北極地域の集落は小さくて辺境にあるので、送電網はありません。電力は集落ごとのディーゼル発電でまかなっているのが実情です。このままでは、GHG排出を削減することは無理です。一方で、極地ほど温暖化の影響は大きく、GHG削減は必須です。自然エネルギーの導入を勧める会社もありますが、冬は黒夜で太陽は出ないので太陽光は駄目です。風力も安定しません。冬の電力不足は生死に直結するのです。そこで、オフ・グリッド（送電網から独立）で集落の規模に合った超小型モジュール原子炉（MMR）に関心があるのです」

ただし、極地の厳しい天候で安全かつ安定的に電力を供給できるのか、極地に準ずる厳しい気候のサスカチュワン州などで運用が始まるのを待つ必要があるとも指摘されている。

世界の最先端へ

以上、見てきたように、SMRの開発と実用化について、連邦政府が主導し、積極的に支援している。これは、事業の予見可能性を向上させ、資金負担面でのリスクを低減させ、ひいては、実用化を促進している。民間主導の米国を反面教師としているようにも見える。カナダが、ロードマップや行動計画を通じて国としてSMRの導入を着実に進めている。これは、技術・サービスや資機材を提供する企業やサプライ・チェーンを構成する企業にとって、安定した市場としてのカナダの魅力を高める効果も持つ。

オンタリオ州ダーリントンで進行中の「BWRX－300」SMR建設計画は、順調に進んでおり、北米初のみならず、西側諸国の中で最も早いSMRの商業化となる見込みである。これは、カナダ・北米だけでなく全世界におけるSMRにとっても重要なマイルストーンだ。GHGゼロのエネルギー生成という意味で脱炭素社会のパイオニアであり、エネルギー安全保障にも資する。SMRにおけるカナダの主導的役割に注目したい。

なお、カナダ全体の電力供給の一五％は原子力発電である。そこで、放射性廃棄物の管理と処分が課題である。現在は、中間貯蔵されているが、使用済みの燃料は再処理せずに地層処分する計画であり、地層処分場の選定プロセスが進んでいる。関心を表明した二二の自治体から二つに絞られている。住民との対話を重視し、二〇二四年内にも決まると見られている。

SMRの放射性廃棄物についても、一義的には事業者が設立した組織が管理するが、最終的には連邦政府が責任を負うことが明確化されている。

ゼロ・エミッション車（ZEV）

続いて、ゼロ・エミッション車（ZEV）を見ていこう。

自動車のZEV化は今や世界的潮流だ。ゆえに、トルドー政権はZEVを国内の温暖化ガス排出削減の文脈だけでは捉えていない。カナダの持つ重要鉱物資源を最大限活用し、ZEV等に関連するエコシステムを国内に構築して、世界的なグリーン経済への移行を主導することで、経済・社会を一層発展させるという戦略を展開する。「鉱物資源からモビリティーへの戦略（Mines to Mobility Strategy）」だ。

この戦略の背景には、カナダが持つ六つの利点がある。

①ZEV等に不可欠な重要鉱物資源の豊富な存在。

②USMCA（米国・メキシコ・カナダ自由貿易協定）による人口五億、GDP三五兆ドルの世界最大マーケットの一角を占め、かつ米国へのゲートウェイであること。

③連邦のみならず州・準州政府も投資受け入れに積極的であり、米国のインフレ抑制法（ＩＲＡ：Inflation Reduction Act）の恩恵も受ける。
④トロント、モントリオールを中心とした世界水準のハイテク知能の集積。
⑤高いクリーン・エネルギー比率。オンタリオ州では九四％。環境に適切に配慮した生産が可能。
⑥駐在員およびその家族に関わる医療制度の充実（注：米国では、高額医療費を負担せざるを得ない）。

自由・民主主義・法の支配・人権などの基本的価値を共有し、カントリー・リスクが限りなくゼロに近く、これだけの利点を持つ国は、カナダ以外には思い当たらない。

この関連で、二〇二四年二月に、米ブルームバーグ社の新エネルギー調査部門ＮＥＦが発表した、世界三〇ヶ国のリチウムイオン電池供給網構築能力のランキングが注目される。このランキングは、各国の二〇二三年の実績に基づく今後六～一〇年間の潜在能力を評価するものである。これまでの四回にわたるランキングでは常に首位であった中国が、今回初めて陥落し、カナダがその座を奪ったのだ。評価されたのは五つの要素だ。①豊富な原料資源、②電池・部品製造能力、③国内および近隣友好国の旺盛な電池需要、④イノベーションとインフラ、そして⑤機関投資家が支えるＥＳＧ投資。

今回のランキングの背景には、中国をめぐる状況が当然ながら勘案されている。まず、欧米諸国との関係が緊張している。加えて、国内の巨大EV市場への欧米企業の参入を拒む中国政府の政策も批判されている。現下の地政学的な現実を見れば、この状況がすぐに変わるとは思えない。カナダの潜在力は、広く認められていたが、現実の製造能力、政府の政策面での支援、米国・日本を含む関係国との戦略的な連携が評価されたのだ。

シャンパーニュ産業大臣の情熱と戦略

そこでキーパーソンとしてあげたいのが、フランソワ＝フィリップ・シャンパーニュ産業大臣だ。将来の首相候補との声もある同大臣の動きが大きなインパクトを与えている。ケベック州出身、国際ビジネス分野で弁護士として活躍し、トルドー政権が誕生した選挙で当選して政界入り。国際貿易大臣、外務大臣を歴任し、満を持して産業大臣に就任した。彼こそ、「鉱物資源からモビリティーへの戦略」の生みの親だ。

二〇二二年七月、シャンパーニュ大臣は訪日した。一週間にわたり、東京、名古屋、大阪と各地を訪問し、政府関係者に加え、自動車メーカーを中心に主要企業と精力的に面談した。個別面談が二七件あったという。世界的な大企業ともなれば、意思決定に際して将来的リスクも精査し、時間がかかる。だが、世界は、厳しい地政学的状況の中、脱炭素化に向かって大きく動いている。シャンパーニュ大臣は、そんな時代感覚を持って、企業トップに、ZEVの部品・組立・製造等の主要工程における投資を呼びかけた。ともすれば、当然視されがちなカナダの利点も丁寧に説明している。その先には、地球温暖化対策の重要な切り札であるリチウムイオン電池などのクリーン・テクノロジー分野における主導的地位を得るという狙いもあるのだ。

筆者は同大臣とたびたび懇談する機会がある。

「カナダと日本は、ZEVに関しウィン・ウィンの関係です。カナダには日本にない資源があります。日本にはカナダにない資本と技術があります。戦略的な連携を深めることで、苛烈な国際競争に勝ち抜けます。脱炭素社会に向けて、日本とカナダが協力することは、両国だけでなく、世界にとっても良いことです」と、いつも熱く語る。

とは言え、シャンパーニュ大臣は、当然ながら日本だけを見ている訳ではない。米国、欧州、韓国にも強力に働きかけている。カナダに投資してくれる国は大歓迎だ。現実に、フォード（米）、ステランティス（オランダ）、フォルクスワーゲン（ドイツ）、LGエナジーソリューション（韓国）、ユミコア（ベルギー）等の多国籍企業大手が二三年になってZEV生産に関連する対カナダ大型投資を相次いで発表した。そして、シャンパーニュ大臣の情熱と戦略は、カナダ史上に残る超大型投資に結実したのだ。一部のカナダ政府高官が、日本企業の動きは遅いのではないかと不満を仄めかす場面もあった。

カナダ史上最大の自動車関連投資～ホンダの決断

二〇二四年四月二五日、本田技研工業（以下、ホンダ）は、オンタリオ州南部のアリストンにある工場で記者会見を開き、EVフルバリュー・チェーンをカナダに構築する総額一五〇億加ドル（約一兆七〇〇〇億円）の超大型投資に向けて最終段階に入ったと発表した。まったくの私見だが、この日の記者会見は歴史的意義に満ちており、末永く記憶されることになるに違いない。

まず、投資総額。一五〇億加ドルは、ホンダ史上最大。これまでの記録の三倍という。カナダ史上でも、自動車部門の投資として、また一つの会社の投資としても最大。オンタリオ州史上でも最大の投資だという。

投資内容は、EVの包括的バリュー・チェーンを国の中で構築するという画期的なものだ。EV完成車工場とEV用リチウムイオン電池の製造工場を、オンタリオ州アリストンのホンダの敷地内および近接地に新設する。電池の主用部品である正極材はホンダとポスコ（韓国）の合弁会社、セパレーターは旭化成との合弁会社をそれぞれカナダ国内に設立する計画だ。ちなみに、セパレーターについてはカナダ初のウェット式セパレーターの一貫生産工場となる。また、電池の原料のリチウムやニッケル等の重要鉱物資源もカナダ国内での調達をめざすとしている。

これは、経済安全保障上の大きな意味がある。従来は、グローバル化の進展で世界各地での分業化が主流だった。これに対し、ホンダの投資は、厳しい地政学的状況を勘案し、サプライ・チェーン強靭化の観点から、カナダ国内で完結させるという大胆な戦略転換を示している。世界の自動車メーカーが、今後の脱炭素社会に向けて激しく競争する中での決断だ。連邦政府も州政府も投資誘致に当たり、税控除を含め相当のインセンティブを提供した。カナダにとっても、優位性を世界に示す絶好の機会と捉えて戦略的な判断をした結果だ。今後のZEV生産のあり方のゲームチェンジャーとなるだけのインパクトを持つ。

ホンダのアリストン工場では四二〇〇人が雇用されているが、今回の電池工場とEV工場の新設で、さらに追加的に約一〇〇〇人の雇用が見込まれるという。CBCニュースは、トルドー首相を筆頭に、ホンダの社長や連邦政府、州政府のトップと主要閣僚が一堂に会したこの会見を生中継で放送した。連邦政府・地元オンタリオ州にとって、新規雇用の政治的意義の大きさを物語る。

筆者も日本政府を代表して参加したが、この超大型投資計画は、日本とカナダの関係が「新しい時代」に入ったと実感するものだった。

3　地球温暖化対策をめぐる国内の難題

米国の三倍のスピードで進む気温上昇

ここまで見てきたように、カナダは世界有数の化石燃料生産国でありながら、積極的に温暖化対策を進めている。GHGの世界シェアを見れば、カナダの排出量は全体の一・五％にまで縮小。新エネルギー分野の発展に加え、トルドー首相、ギルボー環境・気候変動大臣らが世界に発する明快なメッセージも合わせて見れば、カナダは温暖化対策の優等生と言っていいだろう。

しかしながら、事はそう単純ではない。温暖化をめぐってカナダは、二つの厳しい挑戦に直面している。

まず、温暖化の深刻な影響だ。山火事の頻発、北極地域の氷の溶解など、カナダの国土が悲鳴をあげている。世界中で温暖化の深刻な影響を最も受けている国の一つだ。

次に、政治だ。自由で多様性を重んじる民主主義を貫徹しているからこそ、意見の集約は容易ではない。国内業界から反発を受け、野党から攻撃を受け、州・準州から法廷闘争を挑まれている。本節で順を追って見ていこう。

二〇一九年四月、環境・気候変動省が公表した研究結果によれば、過去一五〇年間でカナダの気候が温暖化したことはほぼ確実で、その原因は主として人間の活動による。この結論自体は、さして驚くことではない。すでに、世界中の科学者が、産業革命後の温暖化についてその関連を発表している。

しかし、この発表の核心は、カナダにおける年間平均気温の上昇の速度だ。カナダ全体で一・七度、北極圏に限ると二・三度の上昇である。NASAの調べでは、年間平均気温の上昇は米国で〇・五六度、世界平均では〇・八度だ。要するに、カナダの温暖化は、米国の三倍、世界平均の二倍の速度で進んでいる。

実は、緯度が高い程、低緯度の地域よりも温暖化のスピードが速いことは、これまでの世界各地の観測から判明している。この現象は「極域増幅（Polar amplification）」と呼ばれる。二酸化炭素濃度の高低によって生じる気温変化が、世界平均に比べて北極域で大きくなることは、一九七〇年代にはコンピュータで予測されていたが、二〇一〇年には科学的に実証された。

そして、気温の上昇がカナダの気候や環境に深刻な影響を与えていることが明らかになっている。山火事、洪水、熱波、干ばつなどの極端な現象だ。

山火事

一般に山火事の発生原因は、落雷や火山噴火による自然発火である。病害虫による立ち枯れや熱波などで乾燥した樹木が摩擦により発火する場合もある。山火事直後の土壌は競合する植物や病原菌が少なく、苗木にとって好適な環境と言われている。焼け残った根や幹から芽を出す萌芽再生能力が高まるとの説もある。言わば、生態系の一部という面はある。

しかし、過去四〇年間で山火事の発生件数は一〇倍以上に増大しており、その背景にあるのが地球温暖化の進行だとの科学者の指摘がある。気温の上昇、湿度の低下、降雨量の減少、強風といった山火事の条件がそろいやすくなっているという。近年の米国カリフォルニア州やオーストラリアもさることながら、カナダの山火事は一層深刻だ。

カナダ政府の発表によれば、二〇二三年の山火事による焼失面積は、過去最大の約一八万平方キロメートルである。日本の国土面積三七万八〇〇〇平方キロメートルの四八％に相当する広さだ。山火事はカナダ全土で発生し、約六六〇〇件と報告されている。さらに、この年の記録的な山火事で排出されたCO_2は、EUのコペルニクス気候変動サービスのデータ推計によれば、約一七億トン。通常の経済活動でカナダが排出する量の二年分を越える。

特に、太平洋岸のブリティッシュ・コロンビア（BC）州では、四万八九〇〇人に避難命令が、一三万七〇〇〇人に避難勧告が出された。大西洋岸のノヴァスコシア州では、一万六〇〇〇人が自宅を追われた。また、森林が失われ、野生動物の生息地が破壊されるとともに、大気汚染が深刻化している。カナダ東部の山火事で粒子状物質が大気中に放出され、ニューヨーク州からデラウェア州まで米国北東部の空がオレンジ色になった程だ。

山火事は国家の緊急事態だとして、連邦政府と州政府が懸命な消火活動を行うも、一旦燃え広がると「制御不能」になってしまう。すべてを焼き尽くし、自然鎮火するまで待つしかないのが実情だ。

例年、カナダの山火事は五月から一〇月にかけて頻発するが、二〇二四年は、三月の段階でBC州政府は警告を発した。筆者が二四年四月にBC州のデイヴィッド・イービー州首相と会談した際に、「最大の懸念は、山火事です。最悪だった昨年よりも早いペースで始まっています。特に、今年の冬は雪が例年の半分しか降らなかったことが影響しています。『ゾンビ・ファイアー』と言って、昨年の山火事の残り火が、少ししか積もらなかった雪の下で生き残り、雪解けとともに燃え広がり始めているのです」と語った。彼の硬い表情が忘れられない。

干ばつと洪水

温暖化の影響は、山火事に加え、内陸部での干ばつに繋がっている。カナダ農業・農産食料省は、降水不足と熱波により干ばつが深刻化しているとし、畜産課税猶予措置の対象地域を設定している。同省は、二〇二三年八月末の段階で、全国土の六七％が異常な乾燥もしくは干ばつ状態にあると試算している。温暖化が現実の産業に直接的被害を与えているのだ。

他方、沿岸部では洪水も引き起こしている。第一章の冒頭に記した、マクドナルドのフラ

ノース・ウェスト準州で融解が進む永久凍土（著者撮影）

イドポテトが店頭から消えかけた件も、その直接の原因は、二一年一一月の記録的な豪雨による「破壊的な洪水」だったのだ。気象当局によれば、太平洋岸のBC州バンクーバー周辺地域に一一月一四日から一五日にかけ、平年の一ヶ月分に相当する最大二五〇ミリの降雨があった。その影響で、幹線道路で土砂崩れが相次ぎ、市街地と港湾部を結ぶ道路が寸断された。バンクーバー発着の鉄道路線も土砂災害で不通となり、サプライ・チェーンも打撃を受けた。非常事態宣言が発出された。

二三年には、大西洋岸のノヴァスコシア州でも、豪雨と洪水が発生。ティム・ヒューストン州首相は当時、「恐ろしく、重大な事態が起きている……物的被害は想像を絶する」と述べた。過去五〇年で最悪の大雨で、二四時間で三ヶ月分の雨が降ったと報じられた。大規模停電も発生し、一時は八万人が電気を失った。実に同州の人口（九七万人）の八%に相当する。

また、温暖化の影響は極地において増幅される訳だが、科学者らは、今世紀末にはカナダの氷河の四分の三が失われ、その結果沿岸部での洪水が増え、氷河に依存して生息する生物の棲む場所が失われると予測している。

永久凍土の融解も急速に進行している。筆者が二三年六月、ノース・ウェスト準州を訪れた際に、環境保護団体の案内で永久凍土の融解が顕著な場所を視察した。北緯六三度の州都イエローナイフ郊外で、かつては高速道路だったところだ。朽ちたアスファルト舗装にうっすらとかつてのセンターラインが残ってはいるが、路面は激しく波打ち、前後左右にランダムに傾斜している。もはや道路ではなかった。温暖化の影響で気温が上昇し、道路の強固な地盤だった永久凍土が融解した結果だ。

「永久凍土の融解は、物凄いスピードで進んでいます。地表の構造物の土台が揺らいでいるのです」と環境保護団体の代表が焦燥感を露わにした。

適応と緩和

地球温暖化による影響は、右に見たように、カナダ国内の各地で顕在化し、将来的にはさらに激しさを増すと予測されている。政府は、関係省庁が連携し、山火事の頻度と激しさ、雪氷の範囲と期間、降水量、永久凍土の融解、異常気象について、科学的知見に基づいて分析し、現実的に適応するとしている。今できることをして対処する「適応（adaptation）」は、温暖化対策の基本中の基本ではある。カナダ国内で最善の適応策を取っていると言える。

しかし、根本的には、温暖化を食い止める「緩和（mitigation）」こそが重要だ。カナダ一国だけでは、どんなに頑張っても、温暖化を食い止められない。世界が全体としてGHGを早急に削減することが核心だ。

この文脈では、世界とはすなわち排出大国を意味する。二〇二〇年の世界の二酸化炭素排出量は約三一四億トン。その内訳を見れば、中国が三二・一％、米国一三・六％、インド六・六％だ。この三ヶ国で世界の排出量の半分以上を占める。以下、ロシア、日本、ドイツ、韓国、インドネシアと続く。

カナダは率先して対策を取り、温暖化をバネに新しい産業を勃興させてはいる。しかし、悲鳴をあげているカナダの大地を鎮め、被害を縮小させるためには、中国、米国、インドを筆頭に排出大国を動かすことこそが肝要だ。環境・気候変動の分野での国際的な指導力が問われている。

ギルボー大臣対州政府

二〇五〇年までにネットゼロを達成するという目標について、カナダ国内にコンセンサスはある。だが、留意すべきは、そのための具体的な方策になると、各州の産業構造や歴史的経緯が異なり、さらには連邦と州の権限をめぐる憲法問題にまで発展することもあるという点だ。

第1節で見た通り、一八年六月に地球温暖化ガス汚染価格法（GGPPA）が成立し、翌一九年四月一日から連邦炭素税が導入された。税額は二酸化炭素一トンあたり二〇加ドル。毎年四月一日に一〇〜一五加ドル値上げし、三〇年度には一七〇加ドルになる旨規定されている。

これに対し、オンタリオ州、アルバータ州、サスカチュワン州は、連邦政府を相手取り、連邦炭素税は州の権限を侵害する行為だとして、一八年から二〇年にかけて、それぞれ訴訟を起こした。個別の訴訟であったが、最高裁は二〇年秋に三件をまとめて、連邦炭素税の合憲性について、最高裁大法廷で審議することとした。

三州の主張は、炭素税の徴収は、一八六七年憲法に定められている州の権限を侵害しており、これが看過される場合、州の独立性が損なわれるというものだった。これに対し、連邦政府は、気候変動という州を超えた国家的な懸念事項に関しては一八六七年憲法の「平和、秩序、良い統治」条項が適用される旨主張した。

最高裁の法廷審議への国民の関心は強く、環境意識の高いBC州政府は、連邦政府を支持する意見書を法廷に提出した。これに対し、州の独立性を重視するケベック州は、三州を支持する旨を法廷で陳述した。

二一年三月二一日、最高裁は、連邦炭素税の徴収は合憲であるとの判決を下した。九人の最高裁判事のうち三人が、連邦炭素税は州の権限を侵害する可能性がある旨の見解を示した。連邦政府の勝訴ではあるものの、六対三と意見が分かれた事実は、温暖化対策が非常に微妙な連邦制に直結する問題であることを浮き彫りにした。

連邦炭素税の徴収は合憲との最高裁判決を受け、連邦政府は、温暖化対策を果敢に進める。第1節で見た通り、ネットゼロ法が成立し、ネットゼロ達成のための重層的な方策を規定した二〇三〇年排出削減計画(ERP)が二二年三月に発表された。

連邦政府は、二〇三〇年ERPの詳細を詰めるための段取りを進める。その中心人物は、ギルボー環境・気候変動大臣だ。特に、重視したのが二つの分野だ。一つは、電力網。もう一つが、カナダ国内総排出量の二六%と最大を占める石油・ガス部門だ。

これに対して、激しく反発しているのが、国内最大の石油・ガス産業を擁するアルバータ州のダニエル・スミス州首相である。

スミス州首相は、強力なカリスマを持った女性政治家だ。かつて保守党の州議会議員であったが予備選に破れ一旦は政界を引退。八年間の雌伏の後に鮮やかに復活して、二二年一〇月の連合保守党の党首選に勝ち、州首相となった。「アルバータは、今こそ、強く統合されたカナダを築く主要なパートナーとしての地位を築くべき時だ。自由に繁栄する許可をオタワの連邦政府から得ることはない」と主張し、憲法上の州の権限に強いこだわりを示す。

党首戦では、連邦憲法に超越する主権法の導入を一貫して主張。連邦政府の温暖化対策を原理主義的と感じるアルバータ州保守層の支持を集めて当選した。州首相就任直後には、公約通り、州議会に「アルバータ主権法案」を提出した。法案には、州政府が一方的に連邦法を修正できる条項を含んでおり、大きな争点となった。二二年一二月、アルバータ州議会は、物議を醸した「連邦法修正条項」を最終的に削除した上で「アルバータ主権法」を成立させた。それでも、主権法は連邦政府の過度な干渉からアルバータ州を守る手段を規定しており、州の権限をめぐる憲法論議の火種になっている。

二三年八月、ギルボー大臣は、電力網のGHG排出実質ゼロに関する具体的な草案「クリーン電力規則（CER：Clean Electricity Regulations）」を公表する。カナダは、先に見た通り、電力の八四％以上を水力、原子力、風力・太陽光などのクリーン・エネルギーで賄っている。全GHG排出に電力網が占める比率も八％程度に低下してきている。早期の成果を狙う上では、効果的なターゲットだ。そこで、CERは、三五年までに電力網のGHG排出実質ゼロをめざすため、化石燃料発電ユニットに厳しい要件を課す内容となった。

論争は続くよ、どこまでも

実は、アルバータ州は、電力の九割が石油・天然ガス・石炭に由来する。他の州・準州と比べても突出している。そこで、CER発表に先立ち、連邦政府と同州政府の間で数ヶ月に及ぶ会談が行われている。しかし、州側の主張は受け入れられなかったという経緯がある。

スミス州首相は、CER発表に関し声明を出した。アルバータ州の二〇五〇年ネットゼロ達成への計画に触れた上で、「オタワは三五年までに電力網をネットゼロにするという、非現実的で達成不可能な目標にこだわり続けている」と述べた。その上で、アルバータ主権法を発動し、CERを拒否した。X（旧ツイッター）には、より直截に激しい口調で「もうたくさんだ。今日、アルバータ州はスティーヴン・ギルボー大臣の『CER』にNOを突きつけた。私たちの州には、憲法で与えられた管轄権がある」と書き込んだ。

ギルボー大臣は二三年一二月、「石油・天然ガス部門のGHG排出枠上限設定のカナダ枠組み」を発表した。石油・ガス部門のGHG排出を限りなくゼロに近づけるための量取引制度と価格主導インセンティブ制度の二つの案を軸に、三〇年段階での排出枠を定めたものだ。その際、ギルボー大臣は、最大の排出部門の上限設定に関する政府の計画について「野心的であると同時に現実的だ。世界的な石油・天然ガス需要と、カナダ経済に占める石油・ガス部門の重要性を考慮し、厳しくも達成可能な上限を設定している」とコメントした。

これに対し、スミス州首相は、即座に声明を発表した。「アルバータ州の石油・ガス部門に対する事実上の生産量制限は、アルバータ州の経済と、何百万人ものアルバータ州民とカナダ国民の経済的安定に対する、連邦政府による意図的な攻撃だ」と強く反発した。

電力網と石油・ガス部門のGHG排出削減に関し、ギルボー大臣が示した具体案については、関係各業界や州政府などの意見を聴取するパブリック・コメントの段階だ。実際の施行は、まだまだ先になる見込みだ。ギルボー大臣とスミス州首相の攻防は当面続く。温暖化対策というアリーナで、カナダの民主主義が試されている。

コラム④　ジョニ・ミッチェルの音楽的冒険と予言

ジョニ・ミッチェルと言えば、カナダが生んだシンガー・ソングライターの大御所だ。映画『いちご白書』の主題歌となった「サークル・ゲーム」「青春の光と影（Both Sides Now）」「ウッドストック」等のヒット曲は、若い世代にも聴き継がれている。最初期のフォーク的スタイルから音楽のウィングを大きく拡げ、ロック、ジャズ・フュージョン、さらにはクラシックへと大胆に変貌している。独特のファルセット・ヴォイスは時に若々しく、時に老成した印象すら与える。独特の存在感を示し、生ける伝説と言っても過言ではない。一九四三年一一月七日生まれで、すでに傘寿を過ぎているが、今も現役だ。

二〇二二年のクリスマス・シーズン、ジョニ・ミッチェルの名前が意外な形で、トップ・ニュースで流れた。

それは、モントリオールにおいて二週間にわたり開催されていた、生物多様性条約の第一五回締約国会議（COP15）における出来事だ。各国政府のみならず、国際的なNPO

など民間セクターも多数参加して熱心な議論が行われたものの、最重要事項である生物多様性保全のための資金調達をめぐっての交渉は難航していた。そんな状況を打開すべく、COP15ハイレベルセグメント議長のスティーヴン・ギルボー環境・気候変動大臣は、演説の冒頭で、次のように述べた。

「今から五〇年程前、カナダの優れたアーティスト、ジョニ・ミッチェルが『私たちは楽園を舗装して駐車場をつくった』と歌い、そこに環境保護のメッセージを託していた。私たちはジョニ・ミッチェルの音楽を聴き、一緒に歌ったものだ。しかし、私たちは彼女が込めたメッセージを本当に理解していたのだろうか。私たちは自然を支配するのではなく、自然と調和して生きていかなければならない。そのために残された時間はわずかだ。今こそ、行動を起こす時だ」

環境保護活動家として著名だったギルボーが議長を務める重要な国際会議の鍵になる演説の冒頭で、ジョニ・ミッチェルに言及し国際世論に訴える姿は、印象的だ。実は、ギルボー自身は、この歌が発表された時は生まれていない。半世紀を超えて、強靭なメッセージを伝える鬼才ジョニの予言と現代の環境カリスマ、ギルボーとが共鳴した瞬間だ。

ここに言及されたジョニ・ミッチェルの歌は、七〇年四月リリースの三枚目音盤「レディズ・オブ・ザ・キャニオン」収録の「ビッグ・イエロー・タクシー」だ。ジョニ自身が刻む生ギターのコード・カッティングが生む躍動感あふれるリズムと、彼女が多重録音したコーラスがサウンドの核になって、ジョニ節のメロディーに乗った歌詞は胸に迫る。ボブ・ディランから五輪真弓までカバーしたのも頷ける。ジョニは、この時二六歳。ジャケット・デザインを自ら手掛ける画家でもある。

そして、二二年七月、七八歳にして、ニューポート・フォーク・フェスティバルにサプライズ出演。フルセットでのライブは二〇年ぶりで、音楽ファンを超えて話題を集めた。翌年にはこの公演の模様を収めたライブ盤「ジョニ・ミッチェル・アット・ニューポート」をリリース。さすがに声には加齢の影響はある。が、冒頭には「ビッグ・イエロー・タクシー」を配置。今も輝く一三曲を収録した。聴衆の熱狂は圧倒的だ。二四年二月の第六六回グラミー賞授賞式では、この音盤が最優秀フォーク・アルバム賞を受賞した。

ここで彼女の音楽的冒険を簡単に振り返ってみよう。

ジョニ・ミッチェルは、四三年一一月七日、アルバータ州フォートマクラウドに誕生。父はノルウェー系移民の血筋。フォートマクラウド空軍基地で新人パイロットの指導にあたる空軍中尉だった。第二次世界大戦終戦後に除隊し、サスカチュワン州で自営業を始める。メイドストーン等、州内を転々とし、ジョニが一一歳の頃、州最大の都市サスカトゥーンに落ち着く。この街こそ、ジョニ・ミッチェルが音楽的冒険に踏み出した地だ。彼女の人生を変える三つの出来事がサスカトゥーンで起きる。

一つ目。実は、一一歳の頃、ジョニはポリオに罹患。左手と左指に後遺症が残った。そして、同時期に、音楽に目覚めギターを始める。コードを押さえる左手と左指に不自由があるがゆえに、教科書通りには弾けなかった。そこで独自のチューニングを編み出し、開放弦を多用する唯一無二の生ギター・サウンドを生み出すのだ。「必要は成功の母」であり「塞翁が馬」、あるいは「災い転じて福と為す」というべきか。

第二に、ジョニが音楽のほぼすべてを学んだと言う一枚の音盤とこの街で出会う。ランバート、ヘンドリックス&ロスの「The Hottest New Group in Jazz」だ。この音盤を聴き倒して、歌唱法、ハーモニー、和声と旋律の関係、伴奏のあり方等々を会得したのだ。後年、自身にとっての「音楽の原典」だったと語っている。

極めつきは、初めてプロとして演奏し報酬を得たのがサスカトゥーンの「ルイ・リエル・コーヒーハウス」だ。六二年一〇月三一日の水曜日の夜、一九歳の誕生日の一週間前である。これをきっかけに、恋多く、知性にあふれた才媛の音楽的冒険が本格化する。サスカチュワン州、さらにはアルバータ州等の西部諸州の小さなナイトクラブ、ライブハウスで歌い、東部トロント、そして米国はロサンゼルスへと進出。やがて、世界的に大成功を収める。まさに、サスカトゥーンこそ、音楽家ジョニ・ミッチェルの原点なのだ。

彼女自身、故郷はサスカトゥーンだと公言している。七六年リリースの「逃避行」に収録された「シャロンへの歌」には、自伝的要素が滲んでいる。ジョニ・ミッチェルの進化し変貌し続けた音楽を聴き倒してみれば、彼女を育んだカナダが体感できる。

第五章　ミドルパワー外交の地平

外交は常に内政を反映する。国家の目的を達成するための手段であり、国益を最大化するのが目的だ。従って、国家の置かれた状況によって、外交のあり方は当然に異なる。

例えば、日本はエネルギー自給率一一%、食料自給率三八%であり、天然資源に乏しい。世界に資源と食料を求めざるを得ない。経済規模はGDP世界第四位であるが、人口は減少し少子高齢化である。日本企業は市場を海外に求めている。要するに、日本は自己完結的には繁栄を維持できない。地理的に見ても、きわめて厳しい地政学的な状況に置かれている。日米同盟は安全保障政策の基軸である。また、歴史的にも、太平洋戦争が終結して七九年が経つが、今なお負の遺産を背負っている。日本において外交は、そんな制約条件の下で営まれており、国家の繁栄と安定に直結している。

ならば、カナダはどうか。エネルギー自給率一八〇%、食料自給率二三〇%。東西は大西洋と太平洋と、南は同盟国のアメリカ合衆国、北は北極である。天然の要塞に守られた広大な国土は、資源と食料に恵まれている。その意味では、自己完結的に生きていこうと思えば生きていける国である。もちろん、現在のグローバル化した国際社会では、貿易と投資は繁栄の鍵である。世界に冠たる通商国家・カナダは非常に若い国であるが、現在に至る歴史的な経緯は単純ではない。南の隣国アメリカ合衆国との関係は、国家安全保障、経済、文化にまで圧倒的な影響を及ぼしている。また、世界中から積極的に移民を受け入れているカナダは、多文化主義が国家のアイデンティティの重要な要素であり、民主的国内プロセスを通じて、移民の意見が外交にも影響を及ぼしている。

本章では、まず、カナダ外交を読み解くための三つの視点を論じる。次に米国との関係、そして、インド太平洋戦略を概観する。

1　カナダ外交を読み解く三つの視点

多岐にわたる外交分野

カナダは、G7メンバーであり、国際社会において指導的立場にある。国連の創設メンバーだ。それゆえに、外交の地平は広い。ウクライナ危機、中東情勢、あるいは北朝鮮など国際・地域情勢から、エネルギー安全保障、食料安全保障、貧困・途上国支援、人権、LGBTQ、国際保健衛生、環境・地球温暖化問題、ハイテクの問題など、非常に多岐にわたる。

安全保障分野では、カナダはNATO創設メンバーであり、欧米メンバーとの間で相互に共同防衛、軍事協力、費用負担、情報共有、政策協調の義務を負っている。さらに、米国と共同でNORAD（北米航空宇宙防衛司令部）を運営している。冷戦下の一九五八年にソ連の弾道ミサイルの脅威に対抗するために設立されたが、現代の急速に変化する技術と新たな脅威に対処するため宇宙監視、サイバーセキュリティー強化などの近代化にも取り組んでいる。経済分野では、USMCA、TPPをはじめ各国との重層的な自由貿易協定を結んでいる通商国家である。

さらに、カナダは、北極圏にも広大な領土を有し、北極沿岸国からなる北極評議会（AC：Arctic Council）のメンバーだ。地球温暖化で北極をめぐる状況が急速に変化する中で、安全保障、環境保護、ビジネス、科学技術面での国際協力、そして先住民問題に対処している。

カナダ外交がカバーする分野は、右に見たように非常に多岐にわたる。現代の国際社会が直面するすべての課題に関わっている。その上で、外交を貫く重要な視点が三つある。「米国」「理想」「移民」だ。この三つの視点から読み解くと、そこには、カナダという国家が営む外交の実像が見えてくる。

カナダ外交における米国の存在感

「数字は嘘をつかない」と言ったのは、「近代統計学の父」と称される数学者アドルフ・ケトレーだった。カナダと米国の関係を数字で見てみよう。

二〇二三年のIMF（国際通貨基金）統計で、米国のGDPは二七兆三五七八億ドル。対するカナダは二兆一四〇〇億ドル。米国の一〇分の一に満たない。この二ヶ国が八〇〇〇キロ以上の国境線で接している。

カナダはGDP世界一〇位の経済大国であり、重層的な自由貿易協定のネットワークを持つ通商国家である。二二年の統計では、世界第一〇位の貿易大国だ。しかし、その内訳は、カナダの全輸出の七五％、全輸入の五〇％が米国相手である。

対カナダ直接投資においても四四％と米国は群を抜いている（二二年）。英国、日本が米国に次ぐ投資国であるが、その比率は、それぞれ七％、四％である。

これらの数字を、カナダの一方的な米国依存と捉えれば、それは短兵急にして実像を見失う。一七世紀以来の歴史をともに歩み、自由と民主主義と市場経済を尊ぶ同志だ。両国の間の強固な相互依存を示すと捉えるべきだ。それでも、カナダ経済は米国なしには成立しない。

さらに、安全保障を見てみよう。カナダは、国家防衛という点で地理的恩恵を受けてきた。東西は大西洋と太平洋、南は米国、北はアラスカと北極だ。天然の要塞と言っても過言ではない。しかし、冷戦期におけるソ連の核の脅威はリアルだった。二一世紀のポスト冷戦の状況は、地球温暖化による北極圏の氷の融解で一変した。カナダの国家防衛に占めるNORADの重要性があらためて強く認識されている。また、カナダの陸・海・空軍の武器・装備品、戦車、艦船、航空機の相当部分が米国製だ。

経済と国土防衛の両面で、両国が密接な関係にある以上、カナダの外交政策において、インド太平洋であれ中東であれ、米国との関係が圧倒的な比重を占めるのは、必然である。

比較のために、最近のカナダ・メキシコ関係を見てみよう。加米墨の三ヶ国は、USMCAによって経済分野を軸に関係が深化。三ヶ国の首脳は毎年スリー・アミーゴス・サミットと呼ばれる北米首脳会談を持ち回りで開催。米墨間では移民問題で緊張はあるものの協力関係を深めている。加墨間には大きな問題もなく関係は良好で、メキシコ国民はビザなしでカナダへの短期滞在が認められていた。

しかるに、二四年二月、カナダ政府は「加墨の間の渡航と人々の繋がりを支援し、同時にカナダの移民制度の完全性を維持するために、メキシコ国民の渡航条件を調整している」と発表した。今後は、有効な米国の非移民ビザを保持するか、過去一〇年間にカナダのビザを保持したことがあって、メキシコの旅券で空路渡航する場合を除き、メキシコ国民はカナダ入国に際して観光ビザの取得が必要となるのだ。要するに、ビザ免除が停止されたのだ。

これに対し、メキシコのオブラドール大統領（当時）は、カナダが一方的にビザ免除廃止に踏み切ったことを非難。カナダが主催する次の北米首脳会談への不参加を示唆した。

ミラー移民・難民・市民権大臣は、カナダを経由して米国に移住するメキシコ人の増加に対して米国から受けた圧力が部分的に影響した旨コメントした。

確かに、二四年の大統領選挙を控えたタイミングで、米墨国境から流入する移民は米国にとって非常に機微な問題だった。一方、移民・難民を含む外国人の受け入れに関する判断は国家主権の核心である。特に、カナダは自由と多様性と包摂性を重んじてきた。良好なメキシコとの関係にも悪影響を与えることが予見された。それでも、ビザ免除の停止に踏み切ったのだ。米国との関係調整に腐心するカナダの現実が滲んでいる。

アパルトヘイト廃止に見るミドルパワー外交、「理想の力」

国際政治において、利害は錯綜する。時には、二枚舌・三枚舌外交もありうる。第一次世界大戦中の中東問題に関するフセイン・マクマホン協定、サイクス・ピコ協定、バルフォア宣言が思い起こされる。厳しい現実の中で、国益を守るのは容易ではない。右の加墨関係は、加米関係を維持する上で苦渋の決定であった。理想は、言うは易く行うは難しだ。

それでも、カナダ外交の大きな特徴は、果敢に理想を掲げることだ。そして、掲げた理想を厳しい現実の中で実現する知恵と勇気をカナダは持っている。好例が、南アフリカ共和国（南ア）のアパルトヘイト（人種隔離政策）廃止に向けた動きだ。

南アで平然と行われていたアパルトヘイト。すべての国は人種差別を糾弾し、人権の尊重という国際的な原則に言及した。だが、アパルトヘイト廃止のための具体的な措置に踏み込むことはなかった。厳しい米ソ冷戦の時代だ。レーガン米大統領もサッチャー英首相もアパルトヘイトを批判しつつも、南ア制裁には反対していた。南アが産出する金・ダイヤモンドへの依存、ソ連との駆け引きなど、そこには、現実の国際情勢を冷徹に見据えた上での判断が働いていると理解されていた。レーガン大統領は、ネルソン・マンデラは共産主義者だとすら断じていた。要するに、英米をはじめ主要国は、暗黙のうちにアパルトヘイトを許容していた、あるいは、アパルトヘイト廃止よりも対ソ戦略のほうが、優先度が高かったのだ。

そんな中、カナダのマルルーニ首相は、人権・人種差別廃止の原則を実直に受け止め、アパルトヘイトを廃止させるべく対南ア経済制裁を主導する。一九八四年九月、通算一六年に及ぶピエール・トルドーの自由党政権を倒して、進歩保守党政権を樹立。正しいことは正しいという信念の政治家だった。翌八五年、政権発足後初めて国連総会に臨む。そこで、マルルーニ首相は南ア制裁を主張した。超大国程の影響力は持たないものの、中規模ながらもヴィジョンと戦略を持って理想を追求するミドルパワー外交の良き例だ。冷戦下、英米が反対する状況で、鍵は帝国主義の残滓《ざんし》だった植民地から独立したアフリカ諸国の動向だ。

ブライアン・マルルーニ

そして、八六年八月のロンドンでのコモンウェルス諸国会合では、宗主国英国の意向に真っ向から反対し、一一項目の南ア制裁を実行に移す。カナダの動きに同調する国が増えていく。もちろん、経済制裁の効果については、さまざまな観点から議論されてきた。第三国を迂回した取引を効果的に取り締まらなければ、経済的インパクトは限定的との分析は説得力を持つ。しかしながら、経済的な効果はさて置き、多数の国々が原則を重んじ経済制裁に加わることの政治的インパクトは大きい。国際世論を主導したのはカナダだ。

マルルーニ首相の揺るがぬ信念は特筆に値する。と同時に、事実上の二大政党制で常に野党からの強い批判に晒される中で、カナダ国民は、この政権の取り組みを後押ししたのだ。

一九九〇年二月一一日、マンデラがついに釈放された。そして、翌日、マンデラが真っ先に電話をした外国の首脳は、マルルーニ首相だ。同首相の勇気ある支援に心からの謝意が伝えられた。釈放直後、マンデラはザンビアの首都ルサカにあるアフリカ民族会議(ANC)本部を訪問。その四ヶ月後の六月一八日、二番目の外国としてカナダを訪問、マルルーニ首相と会談し、カナダ議会で演説した。これが釈放後初の外国での演説だった。

二〇二四年三月、八四歳で他界したマルルーニ元首相の国葬がモントリオールのノートルダム大聖堂で営まれた際に、ジャスティン・トルドー首相は弔辞で、同元首相の偉大なる業績として、アパルトヘイト廃止に向けて国際世論を喚起したことを誇る旨、述べた。

移民の影響力

カナダ外交を見る上で重要なもう一つの視点は、移民だ。第三章で見た通り、最新の世論調査によれば、カナダ国民の四分の一が外国生まれであり、一六歳未満のカナダ人の三六％が、父母どちらかまたは両親が外国生まれである。しかも、かつての「白い移民」ではなく、きわめて多様である。そして、多文化主義によって、それぞれの親元の伝統と文化がカナダの文化の不可分の一体と尊重されている。大都市を中心に、同じ国から来た移民がコミュニティーをつくり、支え合う。そして、移民は、民主的プロセスを通じて、移民コミュニティーの意見を表明する。有為な人材を発掘し、議会に送り出す。移民コミュニティーの意見は国政全般に反映される。時には、外交政策にも影響を及ぼす。

例えば、ロシアがウクライナを不法に侵略した二〇二二年二月から二四年二月までの二年間で、カナダはウクライナに対して、約九七億ドルの支援を行っている。これには、レオパルト2型戦車、装甲車、ドローンなど軍事支援、金融支援、人道支援が含まれている。ロシアの侵略に対して、G7はウクライナ支援を最重視している。とは言え、地理的には大西洋を隔てた遠隔地だ。二一年のカナダの貿易総額一・二兆加ドルのうちウクライナとの貿易額はわずかに四億加ドルに過ぎない。にもかかわらず、NATO諸国の中で、米、独、英に次ぐ規模の支援を実施している。また、二四年一月までに二二万人以上のウクライナ難民を受け入れている。

この背景には、カナダに住む約一五〇万人のウクライナ系カナダ人の存在がある。本国とロシアを除けば、世界最大のウクライナ・コミュニティーがカナダにある。連邦政府にも議会にもウクライナ系のリーダーがいる。ウクライナ侵略は他人事ではないのだ。

2 南の巨象・アメリカ合衆国

カナダと米国の原風景――ワシントン条約

かつて、P・トルドー首相は、「カナダの外交の七〇%はアメリカとの関係で決まる」と述べた。七〇という数値は多分に主観的な計算というか直感であったに違いないが、本質を喝破したものだ。しかし、P・トルドーは続けて、「カナダ外務省のできることは、残り三〇%を最大限に活かすこと」とも述べている。そこにはミドルパワーとしての外交をしたたかに実践しようとするカナダ外交の矜持が滲んでいる。

まず、カナダと米国との関係の原点とも言える一八七一年のワシントン条約である。

米国もカナダも、一八世紀半ばまでは、英国とフランスの植民地であった。

欧州の七年戦争と北米大陸でのフレンチ・インディアン戦争で英国が勝利し、一七六三年のパリ条約で北米大陸はすべて英領北アメリカ植民地となった。だが、わずか一三年後の一七七六年には、一三州が独立宣言を発布。独立戦争が始まる。

一七八三年のパリ条約で、アメリカ合衆国が生まれた。ここに、米国とその北に広がる英領北アメリカ植民地（後のカナダ）という二つの国家が併存することとなった。だが、序章で見た通り、歴代の米国指導者は、カナダも本来は米国に属すべきと考えていた。

一八一二年戦争（日本の歴史教科書では「米英戦争」と言及）は、独立後急速に拡大する米国がカナダへの領土的野心を直截に示したものだ。英国は何とか守り切ったが、緊張は続いた。

そして、一八六一〜六五年の南北戦争を経て、米国はより強大となり、北への野心は覆いようもない。特に、南北戦争中に英国で建造された南軍の艦船「アラバマ号」が北部に与えた損害に対する賠償としてカナダを要求する事態にまで発展し、米英関係は緊張していた。

そんな状況下、六七年七月一日に自治領カナダは誕生した。生まれたばかりのカナダにとって、米国の圧力に屈せず領土を守ることこそ国家戦略の核心であった。第三章で見た通り、積極的移民政策を展開した。また、北大西洋沿岸で勝手に操業する米国漁船を排除・拿捕し、米加間では漁業権の問題が深刻化していた。一方、米国はアラスカをロシアから買収し、北漸の気配を見せる。米国と自治領カナダとの国境確定は喫緊の課題であった。頼みの綱の英国は、パックス・ブリタニカの黄昏にあって、時の英宰相グラッドストーンは、いずれカナダは合衆国の一部になるやもしれぬと諦観したとも言われている。

要するに、米国、英国、自治領カナダの間には利害対立と緊張があり、それぞれの思惑があった。まさに、ここから、米国に対する真のカナダ外交が始まるのだ。

一八七一年二月、米英両国は、自治領カナダも含めた三者の関係を包括的に解決するために、ワシントンDCに英米合同委員会を設置した。カナダは自治領だったから、外交権は有しないものの、初代カナダ首相マクドナルドが合同委員会の英側代表三人の一角を占めた。マクドナルドにとって最も重要なことは、自治領カナダという存在を米国に認めさせること。次に、自国に関わる問題をカナダの頭越しで調整・解決させないことだ。そして、英米間の和解を促進すること。もちろん、カナダの犠牲によって成立するような和解は論外だ。

初代首相、ジョン・A・マクドナルド

三ヶ月にわたる調整と議論と交渉の末に、同年五月、「ワシントン条約」が締結された。英米の和解は成った。カナダが英米の間で選択を迫られる事態は回避された。一方、カナダが望んだ加米互恵条約は英米により無視され、マクドナルドは大いに落胆したという。それでも、カナダの存在を米国に認めさせるという最重要の目的を果たすことで、加米国境に静穏と安定をもたらし、自治領カナダの独立性と地位が強化されたのだ。

この「ワシントン条約」について、米国の外交官にして著名な国際法学者ジョン・バセット・ムーア（一八六〇～一九四七）が「世界がこれまでに見た中で最大の実際的かつ即時の仲裁条約であり国際法における偉大な分水嶺だ」と後に評している。英・米・加の関係にとっての歴史的転換点だ。カナダの対米外交の原風景がここにある。

次に、第二次大戦後の歴代政権が取り組んだ案件の中から、四つの外交的な成果を見てみよう。

ピアソン外相の超美技――スエズ動乱とPKO

一九五七年一二月一〇日、レスター・B・ピアソン外相は、前年のスエズ動乱に際し、国連の平和維持活動を推進した功績により、ノーベル平和賞を受賞した。個人として受賞した唯一のカナダ人だ。

今、スエズ動乱を振り返ると、国連緊急軍の迅速な展開が決定的な役割を果たしたことが明らかだ。そして、国連緊急軍（UNEF：United Nations Emergency Force）の設立を規定した国連総会第九九八号決議の成立に至る四日間の折衝に、ピアソン外相の外交家としての信念と情熱と戦略が凝縮している。

レスター・B・ピアソン

五六年七月二六日、エジプトのナセル大統領は、それまで英仏資本主導の「スエズ運河会社」が管理・運営していたスエズ運河を国有化すると宣言した。直後から緊張が高まる。国際的な紛争に対処することが期待されていた国連安保理は、英仏の拒否権で機能しない。外交的解決を模索し、各国はさまざまな努力をしたが、事態は収拾できぬままだった。

そして、一〇月二九日。国有化宣言から三ヶ月にわたり膠着状態が続いたが、事態が急展開する。英仏と秘密協定を結んでいたイスラエルがエジプトのシナイ半島に侵攻したのだ。翌三〇日には、英仏がエジプトに対し、イスラエルとの停戦を要求して最後通牒を発出。三一日夜、英仏は空爆を開始する。

国際社会は、インドなどの非同盟諸国がエジプトを支持。米国は、東西冷戦下でソ連を封じ込めるためには、NATO分断は何としても避けたかった。しかし、アイゼンハワー米大統領は英仏の行動を支持しなかった。奇妙なことに、米ソの立場が近く、英仏vs.米ソの構図となってしまった。

そこで、存在感を発揮したのがカナダだ。ピアソン外相は、かねてからカナダには「北米国家としての運命」と「英連邦としての運命」があると述べていた。英米の政策がカナダに二者択一を迫るような事態を避けることが肝要で、英米が分断されれば、カナダが致命的な打撃を受けると考えていた。また戦争を防ぐ観点から、国連の集団的安全保障をきわめて重視していた。英米の分裂や英連邦内の分裂を何とか食い止めたい。そのためには、国連の権威のもと「国連軍」をつくり、面子を保った形での英仏軍の撤退を狙う。時の首相ルイ・サンローランは、ピアソンの経験と見識と手腕を信頼し、彼に全権を委ねた。

一一月一日午後五時、国連緊急特別総会が招集される。一日夕刻のディナー・ブレイクで、ピアソンは米国のダレス国務長官と個別に協議。ダレスは米ソ共同提案を説明する。再開後、午前二時から登壇したピアソンは、考え抜いた国連軍のアイデアを述べ、米ソ提案を棄権した。各国の演説は二日の午前五時まで続いたという。ピアソンはダレスと緊密に折衝し、国連軍の基本的な考え方について意見の一致をみる。

一一月三日、ピアソンは、オタワに戻り閣議に出席する。手元には、決議案ドラフトがあった。彼が英仏エジプト、非同盟の雄インドなどと根回しを行い、ダレスと最終的に相談して書いたものだ。カナダ国内には、伝統的な英国派が根強い。英仏が反対しない内容である旨説明し、閣議の了承を得る。ピアソンはふたたびニューヨークに飛ぶ。

そして、三日午後八時から始まる総会に出席。この段階で、米国は二本の決議案を提出済み。アジア・アフリカの非同盟の一九ヶ国の共同決議案も提出されていた。カナダの決議案は、提出の順番では後であったが、関係国の理解と支持の下、日付が変わった四日午前二時頃、可決された。UNEFを規定した国連総会第九九八号決議である。この決議こそ、国連平和維持活動（PKO）の嚆矢である。国連緊急特別総会が開会してからの濃密な五七時間で達成した外交の勝利だ。

とは言え、第九九八号決議の可決だけですべてが解決した訳ではなかった。悪魔は細部に宿るのだ。翌五日には、英仏のパラシュート部隊がエジプト北東部ポートサイドに降下し、一触即発の状況にまで至った。六日になって英仏が停戦に応じ、ようやく動乱は終結した。

また、実際に国連緊急軍が派遣されるまでには、決議からさらに一〇日を要した。この間、ハマーショルド国連事務総長は、UNEFの原則、目的、任務など詳細について、ピアソンから助言を得ている。

そして、一一月一五日、コロンビア、デンマーク、ノルウェーから成る最初のUNEFがエジプトに到着した。実は、エジプト側は、カナダが英連邦国家でありエリザベス女王を国家元首としている以上、カナダ軍のUNEF参加は認めないと主張する一幕もあったのだが、カナダ軍は第一波が二一日に到着。最盛期には一〇〇〇人を超えるカナダ軍兵士がUNEFに参加しエジプトで平和維持の任務に就いた。

首都オタワの中心部には、平和維持記念碑が設置されている。二〇〇九年七月の天皇皇后両（現・上皇上皇后）陛下のカナダ訪問の際に、公式日程の一つとして両陛下も視察された場所である。カナダ外交の矜持を静寂にして雄弁に伝えている。なお、北米第三位の大都市トロントの国際空港は、敬意を込めて、トロント・ピアソン空港と称している。

P・トルドーの挑戦——対中国交正常化

P・トルドー首相は、一九六八年四月から、途中、短命に終わった進歩保守党のクラーク政権を除き、一六年間にわたり自由党政権を率いた。その業績は、今日のカナダの基盤に直結する。「多文化主義」を導入し、「一九八二年憲法」を完成させた。外交では、カナダ自身のヴィジョンと戦略的計算に基づいて独自の外交的地平を切り開くべく「カナダ人のための外交政策」を遂行した。特筆すべきが、中国（中華人民共和国）との国交正常化である。

　西側諸国の中では、六四年、ド＝ゴール政権下のフランスが先陣を切って、中国との国交正常化を果たした。この頃、カナダ外務省も中国との国交正常化の得失について検討していた。重要な論点は、米国の公式スタンスから極度に逸脱する政策を取った場合の米国の反応だった。あり得る報復措置は、大きな打撃だと考えられていた。時の首相ピアソンは、前項のスエズ動乱と同様に米国との連携を重視。中国との国交正常化には消極的だった。

　そして、六八年四月、P・トルドー政権が発足する。トルドーは、米国追従ではない新たな外交をめざし、主要な外交政策のレビューを指示する。その中で、中国との国交正常化が目玉政策として浮上する。その背景には四つの要因がある。①トルドー自身の中国に対する特別な思い入れ、②前政権との違いを際立せる政治的な計算、③主要政党に強い反対意見がないこと、④小麦を中心とする中国との通商関係だ。実は、カナダと中国は小麦協定を結んでいて、六四年には、アルヴィン・ハミルトン前農相が訪中して周恩来らと会談していた。

ピエール・トルドー

　政権発足から一ヶ月後の五月二九日、トルドーは初の外交方針演説を行う。その中で、中国との国交正常化について言及。中国政府を台湾の政府と異なる主体として承認し、国連の代表権を獲得できるように支援したいと述べた。

これに対し、ジョンソン政権は即座に抗議する。ワシントンDCで、国務次官補が駐米カナダ大使を招致し、中国との国交正常化は台湾との断交を意味し、それはベトナム和平交渉やアジア地域の戦略バランスに影響すると警告した。当時の米国は、台湾（中華民国）を正統政府とし、中国とは公式な外交関係は無い。その上、ベトナム戦争の真っ只中であり、東西冷戦の時代に、アジアにおける共産主義の拡大に重大な懸念を持っていた。

それでも、トルドー政権は六九年一月末、中国との国交正常化に取り組むとの閣議決定を行う。基本方針は、台湾との外交関係の断交はやむを得ないが、実質的な関係は維持し、貿易事務所の開設をめざす、というものだった。この閣議決定を受け、カナダ政府は、発足したばかりのニクソン政権に、中国との国交正常化に乗り出す旨を伝えた。興味深いのは、ニクソンはトルドーに対し「タイミングと戦術がまずい」と述べたと伝えられている点だ。ニクソン・キッシンジャーの戦略の一端を窺わせる。また、この閣議の方針は、台湾へも通報された。そして、中国側とは、スイス駐在大使のルートで接触を始めた。

二月六日、ストックホルムの駐スウェーデン・カナダ大使が中国大使館へ国交正常化交渉を正式に申し入れ、一九日に中国側から回答が来た。

二月二一日、ストックホルムにて第一回会合が開催された。交渉の核心は、台湾をいかに取り扱うかであることが明らかになる。中国側は、「三原則」を提示した。すなわち、①中国人民を代表する唯一の合法政府として中華人民共和国政府を承認すること、②台湾は中国の不可分の一部であると承認し、「蔣介石集団」とすべての関係を断つこと、③国連における中国の適正かつ合法的な地位の回復を支持し、あらゆる国際機関におけるいわゆる蔣介石の代表的地位をいかなる形でも認めないこと。

カナダ側は、この「三原則」を注意深く検討する。同時期に、中国との国交正常化交渉に臨んでいたイタリアの状況も参考にした。加中両国は会談を重ね、中国側は「三原則」受け入れを迫るが、カナダ側は応じない。特に第二項が問題であった。

七月の第六回会合でも依然として「三原則」をめぐり膠着状態が続く。この会合から一〇日を経て、ミッチェル・シャープ外相は演説で、「二つの中国」や「一つの中国、一つの台湾」という立場は採らないが、中国が台湾に対し主権を持つという立場は認められない旨を明言した。

その後も、台湾をめぐる立場の違いから交渉決裂の危機もあった。翌七〇年二月の第一二回会合で、中国の台湾に対する主権に関する立場について「カナダ政府はこの立場に留意する（take note）が、中国の領土範囲に対する見解を示すことは不適当とみなす」との共同声明案を提示した。この「留意する」という表現こそ、カナダと中国が折り合えるギリギリの線だった。その後の交渉を経て、一〇月一〇日の第一八回会合で共同声明案が合意された。

同年一〇月一三日、加中両国政府は、「中国政府は、台湾は中華人民共和国の領土の不可分の一部であると重ねて述べる。カナダ政府は中国政府のこの立場に留意する」との段落を含む共同声明を発表。ここに、加中関係が正常化する。

そして、加中関係正常化は、冷戦下の地政学的バランスに大きなインパクトを与えることになる。米国を含む西側諸国や国際社会に対し、中国との関係改善が現実的であり、実行可能なものであると示した。と同時に、地政学的バランスの変化がソ連への圧力にもなった。

そこで、米国だ。ニクソン政権発足の六九年の段階で、キッシンジャーはニクソン大統領に対し、冷戦の緊張を緩和する観点から中国との関係改善を検討するよう進言。同時に、米国内での批判を避けるべく極秘裏に動き始めた。そこに、加中関係正常化が発表されたのだ。キッシンジャーにとっては、米国の対中政策の大転換に対する内外の反発を抑制する上で、最大限に利用できる前例となったはずだ。

七一年七月九日、キッシンジャーはパキスタンを仲介役として極秘裏に訪中し、水面下の折衝を始める。これを踏まえ、同年七月一五日に、ニクソン大統領訪中が発表された。「ニクソン・ショック」だ。そして七二年二月二一日、ニクソン大統領が訪中。毛沢東、周恩来と会談し、米中関係は対立から和解へと転換した。ちなみに、キッシンジャーによる大統領補佐官時代の回顧録『キッシンジャー秘録③　北京へ飛ぶ』には、加中関係正常化についての具体的な言及は見当たらない。

トルドー首相にとって、対中国交正常化は、対米追従ではない「カナダ人のための外交」の輝ける成果であった。その原動力は、「誕生して二〇年になる世界の四分の一の人口を持つ国を承認せず、国際機関では一緒に座らず、貿易を拡大しないのは不自然で不公正だ」というトルドー自身の素朴な認識であり、米国の圧力には屈しないという意地であり、カナダ自身にとって良きことを成すという使命感だった。

一方、七一年一二月に訪米したトルドー首相がニクソン大統領と会談する際の風刺漫画が、当時の加米関係を如実に物語る。補佐官がニクソン大統領に「彼は、わが国最大の貿易相手国の代表です」と耳打ちしたのに対し、大統領は「私には、彼が日本人には見えない」と囁《ささや》いている。カナダが長年米国の最大の貿易相手だったにもかかわらず、この事実すら無視され、米国に先んじて中国と正常化したカナダの首相の顔も区別がつかないのだ。

1971年12月2日『トロントスター』紙より

それでも、半世紀を経て、振り返れば、加中国交正常化は、トルドーがこだわったカナダの独自外交という枠を超えて、冷戦下の国際関係にインパクトを与えた。また、米国がカナダを無視しようとも、両国の国益が深い水脈で繋がっていることも示している。

マルルーニの構想力――米加自由貿易協定

一九八八年一月二日、マルルーニ首相とレーガン大統領が米加自由貿易協定に署名した。これは、米加間の関税など貿易障壁を撤廃するもので、第二次世界大戦後の国際経済の枠組みを進化させるきわめて画期的な協定である。

その背景を説明しよう。まず、国際経済の観点からは、戦前の大恐慌の影響下、世界が分断されブロック経済化に繋がり、それが第二次世界大戦に至ったという反省がある。それゆえに、戦後は、いずれかの国に与える最も有利な待遇を他のすべての国に与えるという「最恵国待遇(MFN：Most Favored Nation Treatment)」が国際貿易の大原則となった。その国際的な枠組みとして、「関税及び貿易に関する一般協定(GATT：General Agreement on Tariffs and Trade)」がある。GATT第二四条では、米加自由貿易協定のような地域統合は、MFNの例外にあたるため、非常に厳しい条件が課されている。つまり、米加以外の国との間で貿易障壁を引き上げることなく、米加間で「実質的に」すべての関税の撤廃が必要だ。

そこで、関税について考えてみよう。関税は、①政府の財源であると同時に、②国内産業を輸入品から保護し、③貿易収支を調整するという機能がある。一方、消費者からすれば、関税は価格上昇を招く。相互に関税を撤廃する場合、消費者はより安価に輸入品を購入できる。競争力のある産業は、相手国への有利な輸出機会を得られる。しかし、脆弱な産業は、強力な輸入品に駆逐されるリスクに直面する。例えば、農業団体や労働組合が自国産品の保護を求め、関税撤廃に反対する場合がある。そうなれば、事は、単に外国との交渉というだけでなく、国内の政治問題となる。ここに自由貿易協定の交渉の複雑さと難しさがある。

米加自由貿易協定の場合、カナダから見れば、関税撤廃は、米国という世界最大のマーケットへの有利な参入機会となる。反面、米国の強力な産業にカナダの脆弱な産業が飲み込まれてしまいかねない大きなリスクを抱えることになる。にもかかわらず、米加自由貿易協定は、カナダ側から提案された。そこには、マルルーニ首相の先見の明と鋭い計算があった。八〇年代のカナダ経済は、低成長と高い失業率に苦しんでいた。米国市場へのアクセスと厳しい競争が、カナダに成長をもたらすと同首相は期待したのだ。同時に、米加が貿易障壁撤廃へ動くことで、各国が保護主義に対抗し、グローバルな自由化の流れが生まれるとの読みもあった。また、米ソ冷戦の時代、米加の経済関係の緊密化は北米の安全保障の強化に繫がるとの戦略的な発想もあったのだ。もちろん、カナダ国内には、巨大な米国経済に飲み込まれてしまいかねないとの懸念も根強かった。だが、これこそ就任直後のマルルーニ政権の超目玉政策だった。

八五年三月、就任から半年、マルルーニ首相は、初めての米加首脳会談に臨む。自分の出身地ケベック州の州都ケベック・シティーへの招待にレーガン大統領が応じた形だ。実は、両首脳ともアイルランド系だったので、アイルランドの国花にちなんで、「シャムロック会議」と呼ばれている。ここで、マルルーニ首相は直接、レーガン大統領に米加自由貿易協定を提案。両首脳は交渉入りに合意する。

交渉は、一進一退の非常に厳しいものとなった。「実質的に」関税撤廃するという点に、GATT第二四条と整合的でありつつ国内産業界の事情に配慮する交渉担当者の知恵が結晶する。二年一〇ヶ月の交渉の末に署名され、八九年一月一日に発効した。

マルルーニ首相の読み通り、国際貿易の流れは変わった。九二年一二月には、米加にメキシコも加わったNAFTA（北米自由貿易協定）がジョージ・H・W・ブッシュ米大統領（父）、サリナス墨大統領、マルルーニ首相により署名された。

しかし、翌九三年六月、マルルーニ政権は支持率が低迷し瓦解した。が、今では、カナダ外交の金字塔とも評価されている。米国を相手に、大きな構想力と緻密な交渉力で自由貿易協定をまとめ、新しい時代の扉を開き、今日のカナダ経済の基礎を築いたのだ。

イラク派兵拒否で見せたジャン・クレティエンの胆力

二〇〇三年三月一七日午後八時（米東部時間）、ジョージ・W・ブッシュ米大統領（息子）は、イラクのフセイン大統領と二人の息子に対し四八時間以内の国外退去を要求し、拒否すれば軍事行動に踏み切ると通告した。

米国は、イラク戦争に踏み切る理由として、主に次の四点を主張していた。

①イラクが大量破壊兵器を保有しており、国際的な安全保障への重大な脅威であること。
②九・一一同時多発テロを起こしたアルカイダとイラクの関係が疑われること。
③フセイン政権による国内での人権侵害や弾圧行為。
④国連安保理決議一一五四で、湾岸戦争停戦協定破棄条件の最終警告がなされていたこと。

これに対し、ジャン・クレティエン首相は、カナダ国民に対しテレビ演説を行い、イラク戦争へはカナダ軍を派兵しない旨を表明した。特に、イラク戦争に対する国連の正式な承認がなかったことを強調。国連安全保障理事会による決議がなければ、カナダは軍事行動に参加しないとの方針を明確にした。

ジャン・クレティエン

元来、多国間主義と外交的手段による問題解決を信望する政治家であったクレティエン首相は、米国政府の主張を聞きつつも、大量破壊兵器の存在についての明快な証拠も不十分だと考えていた。さらに、この方針の背景には、イラク戦争への反対意見が強かった世論の動向も指摘されている。

しかし、経済界あるいは外交・安全保障の専門家の間には、対米関係を毀損《きそん》しかねないとして強い懸念が存在していたのも事実である。だが、クレティエン首相は果敢に決断した。

イラク戦争からすでに二〇年余が経った現在、大量破壊兵器の存在やアルカイダとの関係については、根拠がなかったことも明らかになった。二〇〇三年当時、国連安保理で、イラクが大量破壊兵器を隠し持っていると主張したパウエル元国務長官は、後年、「記録に残る汚点」と述べている。

二三年六月、筆者は、旭日大綬章を授与されたクレティエン元首相を祝福し、夕食を共にする機会に恵まれた。元首相は、「今年は、素晴らしい年です。数えで九〇歳、連邦議員になって六〇年、首相になって三〇年なのです。そこに旭日大綬章を頂き、本当に光栄です」と満面の笑みを浮かべていた。元首相は、カナダ現代史の数々の重要局面で当事者だった訳で、話は歴史・政治・文化まで多岐に及んだ。P・トルドー政権の司法大臣として、「一九八二年憲法」を完結させた時の手腕についても鮮明な記憶を披瀝した。オーラル・ヒストリーの宝庫だった。そこで、筆者は、首相として一〇年間国家に仕えて、最も印象に残る瞬間は何かと聞いた。元首相は目を見開いて、次のように述べた。

「〇三年の三月です。イラク戦争に際し、外務省も多くの閣僚も、米国を支持し、ある程度の派兵はやむを得ないとの意見でした。私は、国連安保理決議なき武力行使への加担は、カナダの利益にはならないと確信していました。それでも、対米関係を心配するので、私は『カナダと米国の間で日々膨大な輸出・輸入が行われている。対イラク派兵を拒否したことで、カナダ国民の生活に悪影響が及ぶ事態になったら再考する』と言いました。今に至るまで、そのような事態は起きていません。あの決断は、カナダが真に自立した外交を行うようになった瞬間だと思っています。その決断を誇りに思います」

3　インド太平洋戦略

大西洋から太平洋へ

二〇二二年一一月二七日、カナダ政府は、史上初となる「インド太平洋戦略（IPS：Indo-Pacific Strategy）」を発表した。この地域への長期的かつ強力なコミットメントを示したもので、日本との関係を重視している。「自由で開かれたカナダとインド太平洋」を構築していくための包括的な取り組みを網羅し、トルドー政権の意気込みが伝わる。発表した場所は、インド太平洋地域への玄関口であり、多くのアジア系移民が暮らすバンクーバーだ。この戦略を取りまとめたメラニー・ジョリー外務大臣に加え、戦略に直接関連するイン国際貿易大臣、ハージット・サージャン国際開発大臣（当時）、マルコ・メンディチーノ公共安全大臣（当時）が共同記者会見を開き発表。その模様は、カナダ全土にTVで生中継され、アニータ・アナンド国防大臣（当時）は、別途オンラインでも会見した。

この戦略は、カナダは太平洋国家である、との認識に立ち、①平和、強靭性、安全保障の推進、②貿易、投資、サプライ・チェーンの強靭性の拡大、③人的投資、人と人の繋がりの形成、④持続可能でグリーンな未来の構築、⑤インド太平洋へのパートナー国としての積極的な関与、という五つの戦略目標を掲げ、向こう五年間で二三億加ドルの追加投資を行う意図を合わせて表明した。

歴史的にも地理的にも、英仏ら欧州諸国と大西洋との関係で発展してきたカナダが、太平洋に目を向け、アジア諸国との関係を強化するためIPSを策定し発表したのだ。二一世紀のカナダ外交の進化を示すものである。

ついては、IPSの意義を理解するために、中国、インド、ASEAN(東南アジア諸国連合)、北極の四つの観点から見ていこう。

一層問題を引き起こすグローバル・パワーの中国

IPSが発表された際には、日本、米国をはじめアジア太平洋諸国は、IPSに規定されている個々の政策目標の着実な実施が肝要だとしつつ、大いに歓迎した。歴史的な意義は明快である。ただし、中国は反発した。ここに、IPSの意義を理解する鍵の一つがある。

IPSは、中国に関して、「一層問題を引き起こすグローバル・パワー(an increasingly disruptive global power)」と位置づけている。この語句に至るカナダ政府内の議論の推移が非常に興味深い。

実は、二〇二一年九月二〇日の連邦選挙後、トルドー首相は、カナダ外交の新たなる展開を期して、外相を筆頭に関連する閣僚にIPS策定を指示した。米国を筆頭に各国が、安倍晋三首相（当時）が主導した「自由で開かれたインド太平洋」（二〇一六年）に呼応する状況で、カナダもインド太平洋戦略の策定に踏み出したのだ。

その際、中国との関係をいかに規定するかが、さまざまな観点から検討された。あえて集約すれば四つの要因があった。

①〈「二人のマイケル事件」〉この事件の概要は次の通りだ。一八年一二月、カナダ当局は、米国の要請で、中国の通信機器大手ファーウェイ（華為）の孟晩舟副会長を逮捕する。これに強く反発した中国は、報復措置として、元外交官のマイケル・コブリグと実業家マイケル・スパーバという二人のカナダ人を、スパイ活動容疑で拘束した。カナダはもちろんのこと、国際社会も、この拘束を「人質外交」として厳しく非難。二一年九月二四日に、孟晩舟が米国との司法取引に応じ釈放されると、直後に二人のマイケルが釈放された。しかし、二年九ヶ月の長きにわたり、無実のカナダ人二人が中国当局に拘束され続けたこの事件は、加中関係を決定的に冷やした。識者の多くは、カナダ国民の中国認識は、この事件によって完全に変わったと見ている。

②〈貿易関係〉政治的には、カナダと中国の関係は悪化したが、貿易関係への影響は限定的だ。新型コロナの影響もあったが、二〇年から二一年にかけて、カナダの対中国

輸出は一四％の伸びを示した。二二年には、カナダにとって、輸出・輸入とも米国に次いで第二位の貿易相手国となった。

③〈米国との政策調整〉米国の対中政策との協調も重要である。米国における対中認識が非常に厳しくなっていく中、カナダとしても安全保障面、ハイテク、人権などの面で米国と歩調を合わせることは重要である。一方、中国は、自由、民主主義、法の支配、人権、市場経済などの基本的価値において異質の国家体制だ。

④〈一九七〇年加中国交正常化〉カナダ外交における中国の意味合いは大きい。先に見た通り、カナダが中華人民共和国を承認し国交正常化したのは、七〇年一〇月。ニクソン大統領の電撃的な中国訪問（七二年二月）に先んじること一年四ヶ月。これは、P・トルドー首相が掲げた「カナダ国民のための外交政策」の核心であり、対米追随ではなく独自外交の象徴だった。

このような四つの要因が併存する中で、IPS策定に際し、対中政策をいかに整理するかは困難を極めた。なぜならば、中国に関し対立するベクトルがあったからだ。一つは、「二人のマイケル事件」による国民の対中認識の悪化。米国との政策調整は、より厳しい対中政策を志向する。一方、貿易関係やP・トルドー以来の伝統は、より柔軟な対中外交を志向する。

当初、IPSは、二一年暮れにも発表されると期待されていた。だが、議論が白熱。中国については限定的な記述に留めるとの案も浮上したという。しかし、対中政策にきちんと言及するべく、有識者会議も設けられた。さまざまな議論を経て、二二年一一月の発表に至る。

IPSにおける対中政策の本質を突いているのが、トロント大学の講演でのジョリー外相の発言だ。冒頭で「二〇二二年の中国は一九七〇年の中国とは違う」と喝破。その上で、対中経済関係について、政府は、民間に指図はしない。しかし、中国は、法の支配、民主主義、人権といった基本的価値を共有しておらずさまざまな懸念があることを十分に認識した上で、民間はビジネスすべきと指摘。気候変動等の協力すべき分野では協力するが、競争すべき分野では競争し、言うべきことは断固として言うと断言した。

IPS策定から二年。現在の加中関係には、次の三点が浮かび上がる。

まず、加中政府間の関係は冷え込んでいる。二二年一一月のインドネシア・バリ島で開催されたG20の際のトルドー首相と習近平国家主席による異例の立ち話は、加中関係を象徴している。ハイレベルでの意思疎通が容易でない中、カナダ側として、一貫した政策を堅持。粘り強く意思疎通に努めている。

次に、カナダ国内では、中国の内政干渉が大きな政治問題となっている。中国が選挙に干渉し特定候補に資金提供を行った旨の情報機関の報告もあり、連邦議会が調査委員会を設置。内政干渉や諜報活動などの事実関係の確認と今後の対策が焦点だ。

また、中国の投資案件やハイテク分野での共同研究について、カナダ政府は、より厳しい審査や厳格な基準を導入している。加中間の完全なデカップリングは現実的でないが、国家安全保障に直結する案件は隔離され始めている。

インドとの亀裂を修復できるか

今や、インドは、中国を抜いて世界一の人口大国となった。GDPでは旧宗主国の英国を抜き、世界第五位の経済大国だ。また、カナダへの移民数に関しても、二〇二三年のデータで、インドは約三二万人と二位中国の約一四万人を大きく引き離し、圧倒的な一位だ。従って、IPSにおいても、重要な位置を占める。従来は「アジア太平洋」と呼んでいた地域を「インド太平洋」と改称したのも、インドの戦略的な重要性の高まりが背景にある。

IPSにおいては、幅広い分野での協力強化が規定されている。経済分野では、加印自由貿易協定の交渉、クリーン・テクノロジーや重要鉱物を重視。防衛分野では、サイバーセキュリティーに関する二国間協力が規定されている。人と人の交流では、カナダ国内には、一八〇万人に上るインド系カナダ人が存在しており、加印間には強力なつながりがある。カナダはIPSに則り、インドとともに、戦略的かつ多面的な協力を推進し始めた。

しかし、インドを巡るカナダの状況には非常に機微な面がある。忘れてならないのは、一九八五年六月二三日のエア・インディア一八二便爆破事件だ。これは、カナダ史上最悪の航空機テロ事件で、北大西洋上空で爆破され三二九人が犠牲となった。この事件の背景には、

「カリスタン」と呼ばれるインド国内でのシーク教徒の分離独立運動が深く関わっている。インドにおいては、カリスタン運動は違法とされ、国家安全保障上の脅威と見なされている。従って、本国インドを離れ、移民に寛容なカナダに在住するシーク教徒は多い。中には過激派グループもいる。彼らがインド政府に対する報復として計画したと見られている。事件後、両国で大規模な捜査が行われ、事件関係者は有罪判決を受けているが、その全貌は未だ明らかではなく、現在も捜査は続いている。

一方、二〇二三年六月一八日には、太平洋岸のBC州サレーにあるシーク教寺院の駐車場で、シーク教の指導者でインド系カナダ人のハルディープ・シン・ニジャール氏が覆面姿の二人によって射殺された。この事件に関し、カナダ国内のシーク教徒に衝撃と憤りが広がった。カナダには、インド国外で最大規模のシーク教徒コミュニティーがあり、その数は八〇万人に迫る。インド系カナダ人の半分がシーク教徒と見られている。

世界シーク組織の声明によれば、ニジャール氏は「カリスタン」と呼ばれるインド北部におけるシーク教徒の独立国家の創設を公に支持していた。インドで起きている人権侵害に抗議し、カリスタンを支持する平和的デモを主導することもあったという。

一方、インドでは、非合法活動防止法によりカリスタン運動に関係する複数の団体が「テロ組織」に指定されていて、ニジャール氏は「テロリスト」として指名手配されていた。

事件から三ヶ月が経った九月一八日、トルドー首相は、議会で「インド政府の要員が、ニジャール氏の殺害に関与した可能性があるとの信頼に足る主張について、カナダの治安機関が数週間にわたり積極的に調査している。殺害の実行犯の責任を問うため、あらゆる必要な措置を取る」と表明。その上で、「カナダ国内で、カナダ国民の殺害に外国政府が関与することは、わが国の主権に対する容認しがたい侵害だ」述べた。そして、インドの外交官を追放した。

これに対し、インド政府は疑惑を否定した上で、激しく反発。カナダの外交官を追放し、カナダ人へのビザ発給を停止した。

カナダ政府は、予定されていたビジネス関係者からなる「チーム・カナダ」経済ミッションを率いてのインン国際貿易相の訪印をキャンセルした。また、加印自由貿易協定の交渉も停止した。そんな中、二四年五月、カナダの警察当局は、容疑者三人を逮捕したと発表。捜査が続いている。

現下の国際情勢で、中国やロシアを牽制する上でインドとの戦略的関係はきわめて重要である。一方、カナダ政府は国家の主権に関わる原則の問題だとして対応している。カナダ国内におけるシーク教徒コミュニティーの視線もある。

インドでは、二四年六月の総選挙で、モディ首相が政権を維持したものの議席を大きく減らした。今の加印関係には、国際的な地政学状況、主権の原則、国内世論が複雑に絡み合っている。両国の亀裂の修復と外交関係改善のための知恵に期待したい。

大きな可能性を秘めるASEANとの関係

従来、カナダのアジア地域への関心は、中国、日本、韓国、インドに限られていた。しかるに、最近では他のアジア地域からの移民が増大している。さらに、今や、経済発展が著しいASEAN加盟の一〇ヶ国は合わせて六億人以上の人口を擁し、GDPは四兆ドルに迫る。カナダの人口(約四一〇〇万人)とGDP(二兆一四〇〇億ドル)を考慮すれば、インド太平洋戦略において、重要な位置を占める。カナダはASEANが秘める大きな可能性に気が付いたのだ。

インド太平洋戦略において、カナダは、ASEANとの関係を四つの分野で発展させることをめざしている。

第一に、経済・貿易分野。自由貿易協定の交渉を加速させ、経済連携を深めることをめざしている。この関連で、カナダは、ジャカルタに「インド太平洋通商代表事務所」を設立した。初代の通商代表は、外務省でアジア太平洋担当次官補などを歴任したポール・トッピル氏。政府きってのアジア専門家であり、IPS策定の実務責任者である。また、農業・農産食料省は、マニラに「インド太平洋農業・農産品事務所」を新設した。その上で、インン国際貿易大臣は、ビジネス関係者からなる「チーム・カナダ」経済ミッションを率いて、ベトナム、マレーシア、フィリピンなどを訪問。市場を開拓し、具体的な商談に結びつける努力を惜しまない。

第二に、安全保障協力。海上安全保障やテロ対策、サイバーセキュリティー分野での協力が深まっている。注目すべきは、二〇二四年一月に結ばれたカナダとフィリピンの防衛協力に関する覚書だ。防衛教育、共同訓練、情報共有、災害対応などが強化される。特に、違法漁業対策として、カナダがフィリピンに供与した「ダークベッセル(不審船)検出システム」は、自国海域の違法漁業の効果的な取り締まりに加え、南シナ海における中国との領有権紛争が続く中、違法な活動を抑止するためのフィリピンの能力向上に資すると期待されている。

第三に、人と人の交流。カナダは、留学生の受け入れ、文化交流プログラムの実施、そして人的交流を通じて、ASEAN諸国との関係強化に取り組んでいる。

第四に、持続可能な開発と気候変動対策。カナダは、ASEAN諸国との間でSDGs(持続可能な開発目標:Sustainable Development Goals)の達成に向けた協力を推進している。例えば、再生可能エネルギー技術や省エネ技術の導入を支援している。また、森林管理プロジェクトを通じ、森林破壊防止と炭素吸収源の保存に取り組んでいる。インドネシアの火災防止活動が成果を上げている。

そして、IPS発表の翌年に当たる二三年九月には、インドネシアの首都ジャカルタで開催されたカナダASEAN首脳会合において、両者の戦略的パートナーシップが正式に決定された。両者がともに「自由で開かれたインド太平洋」の実現に向けて、政治・経済、安全保障、人と人の交流、持続可能な開発と気候変動対策などの幅広い分野で協力していくこととしている。

北極圏の利活用と地政学的リスク

北極圏は、インド太平洋戦略において、重要な要素として言及されている。カナダの外交・安全保障政策における北極圏の優先順位が上がっていることを示している。

北極圏とは、北緯六六度三三分以北の地域で、八ヶ国が領土を有している。ノルウェー、デンマーク（グリーンランド）、スウェーデン、フィンランド、アイスランド、ロシア、米国、そしてカナダだ。

地球温暖化に伴う急速な環境変化が顕な地域だ。北極域では、二酸化炭素濃度の高低に応じる気温変化が世界平均に比べて大きくなる極域増幅効果がある。地球温暖化で北極海の氷が溶け出して海洋の面積が広がり、海水温が上昇し、それがさらに氷融解を加速させている。現在の北極圏の海氷は、衛星データによれば、四〇年前の半分近くに減少している。永久凍土や氷床・氷河の融解も進んでいる。

その結果、国際社会は、課題に直面すると同時に経済的な機会を得ることにもなる。北極圏では、国際的な協力も進む一方、競争も始まっている。論者によっては、北極は、二一世紀のスエズ運河・パナマ運河になり得ると見ている。

　まさに、北極海航路の利活用の可能性が注目されている。例えば、独ハンブルクから横浜まで、地中海、スエズ運河、インド洋、マラッカ海峡、南シナ海経由の「南回り」航路だと約二万一〇〇〇キロメートルの距離が、北極海航路だと約一万三〇〇〇キロメートルへと約六割に短縮される。北極海航路には、ロシア沿岸を通る北東航路とカナダ沿岸を通る北西航路があり得る。ロシア政府は北東ルートを積極的に推進し、原子力砕氷船の建造も進めており、ロシア産エネルギーのアジア市場への輸送も視野に入れ、開発が先行する。ただし、ロシアをめぐる地政学的なリスクが指摘されている。一方、北西ルートに関しては、商船やクルーズ船の利用が増大しているものの、地形がより複雑で、安全確保の重要性が指摘されている。また、北西ルートの位置づけに関しては、米国が、カナダの内水ではなく国際海峡とすべきと主張している点には留意が必要だ。

　北極圏の海氷は年平均一二％で縮小。氷で閉ざされていた天然資源の開発も可能になる。一方、地球温暖化が一層加速し、生態系の破壊や先住民の生活に直接的影響が及んでいる。

　そして、北極をめぐる安全保障環境も激変している。かつては、厚い氷で守られていたカナダの北極圏だが、ロシアは北極を重要な戦略地域と見なして、軍事的プレゼンスを強化している。さらに、中国は自らを、北極圏に最も近い大陸国家の一つ「近北極国家」と位置づけ、ロシアと協力しつつインフラ開発や資源探査を進めている。ロシアと中国は北極の秩序に挑戦。ロシア艦船は、時には中国艦船と一緒に協調して北極圏を航行している。これに対し、カナダと米国は、NORADの近代化に取り組む中で、北極圏も念頭に施設整備を加速。また、カナダが北極海で運用できる高性能の潜水艦を調達することが必要だとの議論も本格化している。

注目すべきは、二四年四月にカナダ政府が公表した最新の国防政策「Our North, Strong and Free: A Renewed Vision for Canada's Defence」だ。喫緊かつ重要な任務として、北極および北部地域における主権を守ることを明記。ロシアの軍事力とこれを使用しようとする意思は欧州と北米にとって脅威であるとの位置づけだ。また、インド太平洋地域の安全保障は、カナダの将来的な繁栄と安定に大きな影響を及ぼすとし、中国と北朝鮮の動向も注視。その上で、国防費については、二四年度から五年間で八一億加ドル（約八九〇〇億円）の追加支出を計画しており、北極と北部地域の防衛力に注力している。

コラム⑤　メープル・シロップ

一九六五年一月、カナダ君主としてのエリザベス二世によって国旗制定の宣言が行われ、従来の英国のユニオン・ジャックを基にした意匠から完全なオリジナルに変更された。両側に赤のラインを持ち白地の中心には堂々と真っ赤な楓の葉が描かれている。

楓は、カナダという国家を象徴する樹木だ。どの街にも楓をイメージした意匠があふれている。国技アイスホッケーの有力チームの一つが「トロント・メープルリーフス」でもある。楓は、カナダ社会の隅々にある。そして、楓がもたらす自然の恵みがメープル・シロップだ。樹液を濃縮した甘味料で、ホットケーキやワッフルにかけたり、菓子の材料として用いられる。空港の免税店などには必ずあるカナダを代表する土産物でもある。しかも、世界中で流通しているメープル・シロップの実に八〇%がカナダで生産されたもので、その九〇%はケベック州産。と言うことは、世界のメープル・シロップの七二%がケベック州産ということになる。

だが、一口に楓と言っても一〇〇種類以上あるが、カナダ原産は一〇種類。そのうち、美味しいシロップをつくれる樹液を採取できるのは、サトウカエデ、黒カエデ、赤カエデが中心で、銀カエデ、ハナカエデを含めて五種類と言われている。

摂氏マイナス三〇度を下回る過酷な冬に備えるために、夏の間にエネルギー源として貯めた糖分が木に吸収された水分に溶け込んで、天然の成分が詰まった樹液となる。そして、春先になると、夜間に氷点下に下がった気温が日中に上がることで、木が雪解け水を吸い上げ、樹液を押し出すという循環が起こる。木の表面に穴を開けておくと樹液が流れ出す、というメカニズムで採取する。重要なのは、氷点下と氷点以上の温度差だ。それがないと、樹液は流出しない。実際に樹液を収穫できるのは早春のごく限られた期間だけだ。

しかし、樹液を収穫したからと言って、そのまま商品になる訳ではない。樹液を舐めてみれば、ほのかに甘さを感じるものの、ほぼ水だ。樹液を煮詰めて濃縮してメープル・シロップができ上がる。一リットルをつくるためには四〇リットルの樹液が必要だ。

特筆すべきは、起源を辿ると、先住民がカナダの厳しい気候を生き抜く中で、古くから楓の恵みと製法を知るに至ったことだ。ヨーロッパと出会うはるか前、先史時代に遡るという。実は、カナダに植民したヨーロッパ人が、厳しい冬の最中に食料もなく困窮した時に、先住民がメープル・シロップを与えてくれて生き延びたという逸話も残っている。天然の恵みは、栄養価が高く生存に必要なビタミンを豊富に含んでいるのだ。

やがて、開拓者たちは、先住民から教わった収穫方法を発展させ、産業としてのメープル・シロップをつくり始める。一八世紀は、バケツに集めた樹液を煮詰めるための小屋（シュガー・シャック）に運んでいた。バケツが樽に代わり、小屋に運ぶ手段が馬車、トラクターへと進化した。生産者は、家族経営を基本としつつ、大規模化するものも現れた。

現在、ケベック州では実に一万一三〇〇人の生産者と七四〇〇社の企業で構成されるメープル・シロップ生産者協会があり、品質に応じて等級を付し、販売量・価格設定・流通方法などを厳しく統制して、品質を管理し、ブランド価値を守っている。規模の大きな生産者は、ファーム内に植えた一万本を超える楓から特殊なビニール・チューブで樹液を製造工場に集めて、効率よく生産している。

収穫の時期に合わせて、期間限定の「パンケーキ・ハウス」と呼ばれるレストランも開かれる。取れたてのメープル・シロップを味わうために、パンケーキやワッフル、フレンチトーストを中心に、メープル・ベーコンやソーセージ、メープルで煮込んだ豆、オムレツなどが提供される。ケベック州の早春の風物詩だ。人気のパンケーキ・ハウスは常に予約が一杯だ。そして、隣接する建屋に、かつてシロップづくりに使用された道具、機材、器、さらには写真や書類などを展示している生産者もある。カナダは若い国ではあるが、開拓時代がリアルにしのばれる。

終章　日加関係の「新しい時代」へ

日加関係は新しく若い。

一つには、カナダが一八六七年の建国と若い国であるから、当然と言えば当然だ。日本も徳川幕藩体制で二〇〇年余の間、鎖国していた。長崎出島での中国・オランダ、対馬での朝鮮、薩摩での琉球、松前でのアイヌ以外との交流はなかった。しかし、源流を辿ると、そこには知られざる物語があり、最初から示唆に富む関係であることが分かる。

例えば、初めて日本に来たカナダ人であるラナルド・マクドナルドは、ペリーの黒船来航の際に将軍の通訳を務めた森山栄之助に英語を指導した。カナダ人作家モンゴメリーの『赤毛のアン』の翻訳者、村岡花子が学んだ東洋英和女学院は、カナダ人宣教師が創設した。

二十一世紀の地政学的現実

日本とカナダは、民主主義、法の支配、人権等々の基本的価値を共有し、互いに大切な経済パートナーであり、ともにG7、G20、TPP、APECなどのメンバーだ。

日加関係を取り巻く世界情勢を見てみよう。十年一昔と言うが、本稿を執筆している二〇二四年から一〇年前を振り返ってみれば、国際社会がいかに激しく変貌したか分かる。

一四年の世界には、新型コロナ感染爆発もウクライナ侵略もない。各国は、グローバル化の恩恵を受けており、世界的な分業の効率化が論じられ、サプライ・チェーンは世界中に拡散した。利益を最大化する効率的経営は善であり、投資家がそれを支えた。サプライ・チェーンの潜在的な脆弱性についての認識は薄かった。米国を見れば、オバマ政権二期目。ドナルド・トランプは、未だ米大統領選への出馬を表明していない。トランプが選挙戦で激しく訴えることになる米国社会の分断も喧伝されていなかった。中国を見れば、習近平登場二年目で、野心は隠したままだ。南シナ海の人工島も未完成。米中協力の進展が期待されていた。「ファーウェイ（華為）」に代表されるハイテク分野の苛烈な競争も起きていない。人工知能も、ディープ・ラーニングの導入で進化が始まったばかり。気候変動についても、パリ協定は未だ交渉中。国際場裡におけるグローバルサウスという視点もなかった。

国際社会の変化は、一朝一夕に起こる訳ではない。一四年二月のロシアによるクリミア侵略は、ウクライナ侵略の予兆とも言える。今日のイスラエルとハマス、さらにイランを巻き込む中東情勢の遠因も内包されていた。だが、一〇年前と比較すれば、現代の国際社会がより複雑化し、流動化しているのは明らかだ。厳しい地政学的な挑戦に直面する一方、地球温暖化は一層深刻で異常気象は現実の脅威だ。日進月歩のハイテクの進化が政治・経済・市民生活そして軍事に及ぼす含意は複雑だ。民主主義国家では、その根幹である自由がフェイクニュース・偽情報等の挑戦を受け、分断の火種になりかねない逆説的現象も起こる。

厳しい国際情勢の中、日本が平和と繁栄を維持していくための基本戦略は四つだ。第一に、日本の国力の増進。これには、国防力、経済力、技術力、ソフトパワー等が含まれる。第二に、日米同盟の強化。そして第三に、同志国、友好国との一層の関係強化。第四に、国際的なルールメイキングへの参画だ。

この基本戦略を踏まえれば、困難な時代を生き抜く上で、カナダとの関係強化は必然だ。日加関係は歴史的な機会を迎えていると言える。特に、カロリーベース食料自給率が三八%、エネルギー自給率が一一%という日本の現実を考えると、二三〇%の食料自給率と一八〇%のエネルギー自給率を誇るカナダの大切さは論を俟たない。基本的価値を共有し、国内が安定的でカントリー・リスクがきわめて低い資源大国、カナダの重要性が顕在化している。それゆえに、日本の主要企業の積極的な対カナダ投資が続いている。

例えば、第四章で紹介した二四年四月に発表されたホンダの対カナダ超大型投資だ。二〇五〇年ネットゼロに向けての切り札になるZEVのフルバリュー・チェーン構築だが、上述の基本戦略の第一、三、四に直結する。日本企業の力は国力の源泉であり、カナダとの関係は新しい段階へと進展するし、ZEVをめぐる事実上の国際スタンダードに大きな一石を投じた。また、北米市場のZEVがグローバルな競争に大きなアドヴァンテージを与えることを考えれば、間接的ながら第二の戦略、日米同盟にも資するのだ。

自由で開かれたインド太平洋戦略に資する日加アクションプラン

カナダもまた、現下の厳しい国際情勢で、外交・安全保障政策を大きく転換させている。歴史的にも地理的にもヨーロッパ・大西洋との結びつきが強い中、インド太平洋戦略を策定したのは、第五章で見た通りだ。カナダの戦略は、日本の国家安全保障戦略とも整合的だ。特筆すべきは二〇二二年一〇月に日加両外相が共同発表した「自由で開かれたインド太平洋に資する日加アクションプラン」だ。ここには、①法の支配、②平和維持活動、平和構築および人道支援・災害救援、③健康安全保障および新型コロナウイルス感染症への対応、④エネルギー安全保障、⑤自由貿易の促進および貿易協定の実施、⑥環境および気候変動、の優先六分野での具体的な行動が記述されている。

「エネルギー安全保障」や「環境・気候変動」については第一章および第四章でも触れた通りなので、ここでは「法の支配」と「自由貿易」について触れておこう。

「法の支配」の分野で重要なのは、日加情報保護協定だ。米国の同盟国でありファイブ・アイズの一角でもあるカナダとの一層の協力進展を担保するものだ。早期の交渉妥結が期待される。また、北朝鮮の瀬取り監視へのカナダ海軍艦船の参加も意義深い。太平洋側で保有するフリゲート艦五隻のうち二隻をインド太平洋地域に同時に派遣しているが、さらに大西洋側の七隻から一隻を追加派遣する。カナダ海軍の行動が力強いコミットメントを示す。

「自由貿易」の分野では、TPPに注目したい。「自由で開かれたインド太平洋」を実現していく上での経済分野での重要な枠組みだ。英国が加盟し、その戦略的価値が増している。現存する自由貿易協定の中で、最も先進的で包括的な貿易・投資のルールを定める、世界でも最大規模の協定だ。今後の展開の鍵を握るのは、日本とカナダだ。

日加ビジネス・ルネッサンス

二〇二二年九月、トロントで、日本・カナダ商工会議所協議会の合同会合が開催された。新型コロナ禍後初の対面の会合。国際情勢が大きく変化する中で両国のビジネスリーダーが議論する絶好の機会だった。サプライ・チェーン強靭化、エネルギー安全保障、食料安全保障という今日的な三つのテーマが選択された。元外相のカナダ商工会議所ペリン・ビーティー会頭の洞察力に富む進行ぶりで、最前線のビジネス関係者、行政、学界の関係者も交え、活発な議論が展開された。共同声明も作成された。

日加経済関係は、伝統的には、資源貿易、自動車関連投資が主流だった。だが現代は、脱炭素経済への移行と経済安全保障が交差する時代であり、重要鉱物からハイテクまでカナダに千載一隅の機会が到来し、必然的に新たな分野での日加ビジネスが勃興している。

例えば、トルドー首相が「カナダ史上最大の民間投資」と指摘したＬＮＧカナダ。二〇年代半ばには、カナダ西海岸から輸出が始まるが、世界のエネルギーの構図を変えうる。水素、アンモニア、小型モジュール原子力発電、都市交通等々のグリーン経済関連の案件もある。トロント・ウォータールー地域には、ＡＩ、量子コンピュータ等の世界最先端技術のエコシステムが形成され、スタートアップ企業が元気だ。また、日本のスタートアップ、京都フュージョニアリング社は、カナダ原子力研究所と共同でフュージョン燃料サイクル社を設立し、核融合発電システムの設計・提供をめざしている。「日加ビジネス・ルネッサンス」とも言うべき状況が生まれている。一方で、最先端技術であるがゆえに、事業化に向けたさまざまな課題もあるが、それらを克服した先には明るい未来が待っている。

日加関係の「新しい時代」へ

二〇二三年一月、岸田文雄総理（当時）がカナダを訪問した。Ｇ７議長として同年五月の広島サミット成功をめざすＧ７各国訪問の一環だった。首脳会談では、力による一方的な現状変更の試みに断固反対し、法の支配に立脚した国際秩序の重要性で完全に一致した。ウクライナ・北朝鮮・中国等の地域情勢、エネルギー・食料やサプライ・チェーン等経済安全保障、気候変動・保健・開発等のグローバルな課題、核軍縮不拡散等について、率直かつ建設的な議論が行われた。トルドー首相は広島サミット成功のために、全面的に協力する旨熱く語った。

同年五月には、G7広島サミットでトルドー首相が訪日。この段階で、G7リーダー最古参のトルドー首相は、議長役の岸田総理を力強くサポートした。さらに、広島滞在中に平和記念資料館を二回訪れ、核不拡散への強い思いを滲ませた。両首脳はさらに、自由で開かれたインド太平洋についても意見交換し、日加アクションプランの着実な実施で一致した。

日加関係は良好だが「問題がないのが問題」と指摘され、それが当然視された時代もあった。しかし、激動の国際情勢の中でカナダの戦略的重要性は増している。二三年一月のオタワでの日加首脳の共同会見で、岸田総理は「国際秩序がさまざまな挑戦に晒され、安全保障環境が一層厳しくなってきている中、国際社会全体の平和と安定の維持・強化のためにカナダとより一層連携を強めていく」と明言した。

日本とカナダの間の協力と連携の一層の深化は、二一世紀の現実を反映した時代の要請だ。そして、日加関係は「新しい章」へと着実に進化している。

2023年１月にカナダを訪れた岸田文雄総理（当時）とトルドー首相（内閣広報室提供）

あとがき

本書は、筆者が二〇二二年五月に駐カナダ大使として赴任して以来の実感と体感を綴ったものである。首都オタワで生活し、仕事し、すべての州と準州に出張した。現代的な大都市から、地方の中堅都市、雄大な農園、さらには北極圏の生まれたままの大自然にも接した。閣僚、政府高官からビジネス関係者、学者、ジャーナリスト、先住民、市井の人々までさまざまな方々と会い、語らった。また、さまざまな書籍等も読んだ。カナダは、未だ建国から一五七年の若い国ながら、実に奥深いのである。驚きと感動の連続だ。

その驚きと感動をできるだけ多くの人々と共有したい。いつしか、そう思うようになった。国民の理解と支持のないところに真の外交は存在しない。ゆえに、自らが見聞したカナダを多くの人に知ってもらうのは大使の大切な使命だ。「はじめに」に記した通り、カナダという国を知らぬ日本人はいない。日加関係は、『赤毛のアン』が紡いできた二国間の友情もあり、元来とても良好である。だが遡れば、第二次世界大戦では敵同士だった。日系カナダ人が味わった塗炭の苦しみを克服して、日加関係は発展してきた。その上で、ダイナミックに進化しているカナダをどれだけの日本人が知っているだろうか。二一世紀の厳しい地政学的な現実に直面する一方、地球温暖化対策が待ったなしの状況で、カナダの優位性が増している。日本はカナダを必要としている。同時に、カナダもまた日本を必要としている。この事実を是非、知ってほしい。本書は、その思いだけで、書かれたと言っても過言ではない。現在のカナダを知ってもらうために、全体としてできるだけバランスの取れた章立てにしたつもりだ。キーワードは、歴史、資源、技術、移民、温暖化、外交であり、未来だ。

一方、本書執筆中に、筆者が肝に銘じていたことがある。それは、外交官は、沈着冷静でなければならない、ということだ。担当し赴任する国について、歴史を勉強し、政治経済を体感し、社会と文化の理解に努める。そして人に会い、人脈を広げ深める。相手国に関する外交政策を企画・立案・実践する上での大前提である。

一方、カナダを実感し体感し理解するにつけ、その可能性と潜在力に魅了されていた自分がいる。だから、十分に客観的であるのか、自問し続けている。「カナダに在勤しているがゆえに、贔屓の引き倒しになっていないか？　あばたもエクボに見えていないか？」と。

今や、「日進月歩」ではなく、「秒進分歩」といわれる程、政治・経済・科学技術の変化が激しい時代である。何が本質で、何が単なる時代の所産なのか見分ける眼力も必要だ。「重大事に見える今日の出来事は、本当に社会的なインパクトを持つのか？　明日になったら色褪せる瞬間芸ではないのか？」と自問しながら、筆者は今のカナダを描いた。

実は、筆者の偽らざる予感は、米国よりも一〇〇歳程若い今のカナダは、一〇〇年前の米国に似ていて、大きな潜在力が遠からず開花するというものだ。今、われわれが目にしているカナダは、将来の準超大国の若き日の肖像かもしれない。本書のサブタイトルには、その思いを込めた。

本書が中公新書から出版できたのは、北野充前アイルランド大使の懇切丁寧な助言による。一九八八年に外務省経済協力局で机を並べて以来御指導いただいており、心からの謝意を表したい。駐カナダ大使の大先輩である石川薫氏からは、カナダの歴史と日加関係の機微な視点について多くの有益な指摘を頂戴した。ビジネスの現場の感覚については、カナダ三菱商事社長の並木香織氏から多くを教わった。カナダ政治に詳しい城戸英樹立命館大学教授の鋭いコメントは大変にありがたかった。細谷雄一慶應義塾大学教授、中村起一郎『外交』編集長からは広い視野から的確な指摘を頂戴した。

わが盟友イアン・マッケイ在京カナダ大使、さらにイアン・バーニー、ジョナサン・フリード、ジョセフ・キャロン、ドン・キャンベルの元駐日大使からは、大所高所に立った貴重なコメントをいただいた。あらためて、謝意を表する。

また、OJCA（オタワ日系協会）のサチコ・オクダ元会長、メリッサ・カミバヤシ現会長、タカハシ道場アリーン・タカハシ館長はじめオタワの日系コミュニティーの方々からは、日系カナダ人の矜持を学ばせていただいた。心からの敬意を表したい。

さらに、カナダ首相府ベン・チン上級顧問、外務省デビッド・モリソン次官、財務省クリス・フォーブス次官、産業省サイモン・ケネディー次官はじめカナダ政府関係者、マクドナルド・ローリエ研究所ジョナサン・ミラー上級部長、弁護士ジャック・ショア氏、カナダ・ビジネス評議会元最高経営責任者トーマス・ダッキーノ氏、加日議連の共同議長であるスタン・クッチャー上院議員、テリー・シーアン下院議員、トロント大学フィリップ・リプシー教授らカナダの友人との議論は本書の土台となった。心から感謝している。

在カナダ日本国大使館では、特に、古谷徳郎次席公使、角南明彦公使参事官、飛矢崎峰雄参事官、石井隆太郎参事官、山田大智参事官、飯田香耶子書記官、樋口正敏書記官、温井健司書記官、小林茂樹書記官、田村康嗣書記官、大島真希子書記官、林田卓書記官、レイナーグリニョン杏菜顧問、ブランドン・ウォレス顧問ら。同僚の献身的な協力に謝意を表する。

そしてかつての上司である佐々江賢一郎氏の激励に感謝申し上げたい。

中公新書編集部では、田中正敏氏（現中央公論編集長）、黒田剛史氏に大変にお世話になった。きめ細かい編集作業でご尽力頂いたことに心からの感謝を申し上げたい。

最後に、本書の足らざる点は、ひとえに筆者の責に帰するものである。その上で、本書を通じて、一人でも多くの人に、今まで知っているつもりで、実は知らなかったカナダに接し、関心を深めてもらえれば、筆者にとっては望外の喜びである。

二〇二四年十月

オタワにて、山野内勘二

Fen Osler Hampson, *Master of Persuasion Brian Mulroney's Global Legacy,* SIGNAL McClelland & Stewart, 2018
Global Affairs Canada, *Canada-U.S. Free Trade Agreement,* 2018. 11. 30
Georgetown Law, *U.S.-Canada Free Trade Agreement (FTA)*
Jean Chrétien, *My Years as Prime Minister,* Vintage Canada, 2008
吉田健正『カナダはなぜイラク戦争に参戦しなかったのか』高文研、2005年
Government of Canada, *Canada's Indo-Pacific Strategy,* 2022
Fen Osler Hampson, Goldy Hyder, Tina J. Park (eds.), *THE INDO-PACIFIC New Strategies for Canadian Engagement with a Critical Region,* Southerland House Books, 2022
Mike Blanchfield and Fen Osler Hampson, *THE TWO MICHAELS Innocent Canadian Captives and High Stakes Espionage in the US-China Cyber War,* Southerland House Books, 2021
CBC News, *Trudeau accuses India's government of involvement in killing of Canadian Sikh leader,* September 19, 2023
総合海洋政策本部「我が国の北極政策」2015年10月16日
Working Draft for Senate Review, *ARCTIC NATIONAL STRATEGY,* October 2023

終章　日加関係の「新しい時代」へ

Kanji Yamanouchi, *Advancing Canada-Japan co-operation for a free and open Indo-Pacific,* The Hill Times, No. 2081, Monday, November 27, 2023
Japanese Canadian Cultural Centre, *YEARBOOK Reflecting on 50 years of the Japanese Canadian Cultural Centre 1963-2013,* 2013
柴田茂紀「日本のGATT仮加入とカナダ」『京都大学学術情報リポジトリ』2002年
Art Miki, *Gaman–Perseverance: Japanese Canadian's Journey to Justice,* Talonbooks, 2023
Toyo Eiwa Jogakuin, *Canadian Woman Missionaries at Toyo Eiwa in Japan 1882-2006,* 2012
山野内勘二「日本とカナダ 関係深化の戦略性」『外交』Vol. 86 Jul./Aug. 2024、都市出版

その他

事実関係、法令、条約、統計等については、日本政府、カナダ政府、世界銀行、各大学、各独立行政法人、関連企業、報道等の関係ホームページ等を参照した。

参考文献

市村正也「水素エネルギーと地球温暖化対策」『日本の科学者』Vol. 58 No. 3 March 2023

一般財団法人新エネルギー財団『グレー水素、ブルー水素、グリーン水素』

Government of Alberta, *Hydrogen Roadmap Alberta is building a lower emission future with hydrogen*

舩木弥和子「カナダ：連邦政府の水素戦略と Alberta 州政府の天然ガス戦略」『JOGMEC 石油・天然ガス資源情報』2021年２月17日

総合海洋政策本部「我が国の北極政策」2015年10月16日

Bloomberg NEF, *Global Lithium-Ion Battery Supply Chain Ranking,* February 5, 2024

第五章　ミドルパワー外交の地平

日本カナダ学界編『史料が語るカナダ　1535-1995』有斐閣、1997年

瀬戸口優里「レスター・ピアソンと国連緊急軍の設立、対英関係と対米関係のはざまで」『慶應義塾大学学術情報リポジトリ』2023年

馬場伸也『カナダ　二十一世紀の国家』中公新書、1989年

孫崎亨『カナダの教訓　「日米関係」を考える視点』ダイヤモンド社、1992年

IRCC, Government of Canada, *Updated travel information for Mexican citizens coming to Canada*

Government of Canada, *Economic, humanitarian and development assistance, and security and stabilization support-Russia's invasion of Ukraine*

外務省HP「国連平和維持活動（PKO：Peacekeeping Operations）」

防衛省『防衛白書　令和５年版　日本の防衛』2023年

Andrew Cohen, *Extraordinary Canadians: Lester B. Pearson*, Penguin Canada, 2011

香西茂『国連の平和維持活動』有斐閣、1991年

Pierre Trudeau, *Memoirs,* McClelland & Stewart, 1993

福田円「中国とカナダの国交正常化交渉――西側諸国との関係改善と『一つの中国』原則の形成」『国際政治』第195号、2019年

Daizo Sakurada, *Reluctant Adversaries: Canada and the People's Republic of China 1949-1970,* Institute of American and Canadian Studies, Sophia University, Journal #9, Spring 1992

ヘンリー・A・キッシンジャー、桃井眞監修『キッシンジャー秘録③　北京へ飛ぶ』小学館、1980年

Brian Mulroney, *Memoirs,* McClelland & Stewar, 2007

Conference, Japan and Canada: comparing the role of immigration in meeting varying demographic challenges, March 15, 2024

第四章　地球温暖化対策への挑戦と苦悩

外務省HP「2020年以降の枠組み：パリ協定」2022年2月24日
外務省HP「日本政府によるパリ協定署名」2016年4月25日
Government of Canada, *The Paris Agreement*
CICS, *Vancouver Declaration on clean growth and climate change, First Minister's Meeting*, March 3, 2016
水谷健亮「カナダにおけるCO_2排出規制と政策動向　2050年カーボンニュートラル実現へ向けた取り組み」JOGMECカーボンニュートラル推進本部総括・企画チーム
Government of Canada, *Pan-Canadian Framework on Clean Growth and Climate Change*
外務省HP「G7シャルルボワ・サミット（結果）」2018年6月9日
Government of Canada, *Canada's Greenhouse Gas Offset Credit System*
Government of Canada, *Carbon pollution pricing*
国連広報センター「国連気候行動サミット2019（UN Climate Action Summit）」
環境展望台「国連、気候行動サミットの成果を報告」2019年9月23日
Liberal Party of Canada, *Itinerary for Justin Trudeau,* September 24, 2019
Speech from the Throne to open the First Session of the Forty-Third Parliament of Canada, *Moving Forward Together,* December 5, 2019
Hedrick Smith, *The Power Game: How Washington Works,* Random House, 1988
Annie Joan Gagnon, *Steven Guilbeault*, The Canadian ENCYCLOPEDIA, October 25, 2017
CBC News, *Greenpeace activists scale CN Tower,* July 17, 2001
Government of Canada, *2030 Emissions Reduction Plan: Clean Air, Strong Economy*
小松潔、清水透　日本エネルギー経済研究所 環境ユニット 気候変動グループ「カナダ連邦政府のOBPS（Output Based Pricing System）」『IEEJ』2023年9月
山野内勘二「カナダの気候変動及びネット・ゼロへの取組」『一般社団法人霞関會會報』2022年11月
JOGMECエネルギー・金属鉱物資源機構「カーボンニュートラルに不可欠なCCS」『JOGMEC NEWS PLUS』Vol.9
山野内勘二「オタワ便りNo.5〜CCS」日加協会HP、2022年9月
Government of Canada, *The Hydrogen Strategy*

参考文献

TCPM Japan, Certified Office Canada『カナダ永住権の最新情報』HP
Statistics Canada, *Canada's fertility rate reaches an all-time low in 2022*, 2024.1. 31
Government of Canada, *Immigrate to Canada: How you can immigrate to Canada, how to protect yourself from fraud and what to expect after you arrive in Canada*
飯野正子『日系カナダ人の歴史』東京大学出版会、1997年
Desmond Morton, *A Short History of CANADA :Seventh edition*, McClelland & Stewart, 2017
新島彩子「カナダの民間難民受け入れ（プライベート・スポンサーシップ）に学ぶ」難民支援協会HP、2016.10.18
eTA CANADA「移民国家カナダの現状」2023年11月14日
津田博司「カナダ史における移民動態の変遷と多文化主義の成立」『立命館言語文化研究』27(2/3)、2016年
工藤英洋「カナダ移民事情」『ニッセイ基礎研究所　調査月報』1992年７月
井出和貴子「カナダ：移民受け入れ先進国が直面する問題」『大和総研　世界経済』2014年11月19日
IRCC, *Notice-Supplementary Information for the 2024-2026 Immigration Levels Plan*, November 1, 2023
Abacus Data, *Thresholds and Tensions: Unmasking Public Unease with Canada's Immigration Goals*, November 30, 2023
IRCC, *Canada to stabilize growth and decrease number of new international student permits issued to approximately 360,000 for 2024*, News release, January 22, 2024
Government of Canada, *Budget 2024 Fairness for every generation*, 2024.4.16
Environics Institute, *Canadian public opinion about immigration and refugee*, October 24, 2022
竹村真紀子「戦略的に移民を受け入れる『カナダの流儀』」『東洋経済ONLINE』2017年２月15日
ダリル・ブリッカー／ジョン・イビットソン『2050年世界人口大減少』文藝春秋、2020年
経団連「Innovating Migration Policies――2030年に向けた外国人政策のあり方」2022年２月15日
令和国民会議（令和臨調）「人口減少危機を直視せよ」―人が成長し、産業がかけ合わさり、地域がつながる―」2023年６月21日
【直言】気鋭の人口学者が問う「日本の選択」玄基正・片平知宏、newspicks.com、2023年４月７日
Tokuro Furuya, *Japan's shift to an "Open Country"*, 26th Metolopolis Canada

Clive Thompson「NASA、Google が注目する『D-Wave』は、本当に量子コンピューターなのか?」『WIRED』Vol.14、2015年1月3日
量子コンピューター辞典「D-Wave量子コンピューター：現代科学技術の最前線をリードする革新的な技術」
北野健太、間瀬英之「量子コンピュータの概説と動向〜量子コンピューティング時代を見据えて〜」『日本総研 先端技術リサーチ』2020年7月4日
Quantum Industry Canada, *Why QuantumTechnologies Matter*
Government of Canada, *Canada's National Quantum Strategy,* 2023
石井正「インスリンの発明と特許」『知財論趣』弁理士法人 深見特許事務所、2014年5月1日
国境なき医師団「インスリン発見から100年 たった1ドルで特許を手放した医学者、その思いを実現させるには」『活動ニュース』2021年4月14日
JETRO「カナダのイノベーション・エコシステム、AIに世界が注目」『地域・分析レポート』2019年11月22日
TOUCH-BASE「人工知能研究のメッカ、カナダ東海岸でAIの商用化を進めるVector Institute とIVADO とは?」2020年11月2日
カナダ・オンタリオ州政府経済開発省 日本広報窓口「世界最高レベルの人工知能研究所がカナダ・トロントに開設 オンタリオ州、AI研究拠点の強化に向け5,000万カナダドルを助成」『value press』2017年4月5日
NEDO「イアン・スチュワート　カナダ国立研究機構理事長と会談」2022年4月18日
未来工学研究所「研究インテグリティ（Research Integrit）に係る調査・分析」2023年3月
Government of Canada, *Policy on Sensitive Technology Research and Affiliation of Concern,* 2024

第三章　移民立国の理想と現実

村井忠政「カナダ移民政策の歴史（上）」『名古屋市立大学人文社会学部研究紀要』2001年3月
今津晃『世界の歴史17 アメリカ大陸の明暗』河出書房新社、1990年
高橋真生「カナダにおける移民受け入れ制度と多文化主義」筑波大学卒業論文、2018年1月
財団法人自治体国際化協会『カナダの移民政策及びその主要都市への影響』2008年
山野内勘二「カナダからの手紙 第3回〜移民」『東京外語会会報』No.158、2023年6月1日

参考文献

Government of Canada, *Guidelines, Investment Canada Act*
Prospectors & Developers Association of Canada, *About PDAC*
経済産業省「重要鉱物に係る安定供給確保を図るための取組方針」2023年1月19日
独立行政法人エネルギー・金属鉱物資源機構「加：連邦政府、中国国有企業3社に対し、保有するカナダの重要鉱物資源企業の株式の売却を命令」『金属資源情報』

第二章　知られざるハイテク先進国
Rapidus「Rapidus、エッジAIアクセラレータの開発・製造をテンストレントと推進」2024年2月27日
菊地正典『教養としての「半導体」』日本実業出版社、2024年
津山恵子『カナダ・デジタル不思議大国の秘密』現代書館、2003年
山野内勘二「カナダからの手紙　第2回～ハイテクの国、カナダ」『東京外語会会報』No.157、2023年2月1日
暦本純一「AIのイノベーションがカナダで起こった理由」newspicks.com、2021年3月18日
御立尚資「カナダに学ぶ。技術・ビジネス・人材が集まる都市の条件」newspicks.com、2021年3月25日
EduCanada「カナダでAI（人工知能）を学びましょう」
Government of Canada, *Pan-Canadian Artificial Intelligence Strategy,* 2022
CIFAR, *The Pan-Canadian AI Strategy*
KPMG, *Collision*, 2024
TORJA Toronto+Japan Magazine「人工知能・ブロックチェーン・フィンテック・ヘルステックなど幅広いトピックをカバー 北米最大級のテックカンファレンス『Collision2023』」2023年8月11日
山田奈々「AI界の“ゴッドファーザー”ヒントン博士の警告」『NHK国際ニュースナビ』2023年5月15日
AUROR「トロント大学がILSVRCコンテストで優勝した際の畳み込みニューラルネットワークに関する論文」
Roseann O'Reilly Runte, *Canadians Who Innovate: The Trailblazers and Ideas That Are Changing the World,* Simon & Schuster, 2024
Frank Arute, Kuna Arya, et al., *Quantum supremacy using a programmable superconducting processor,* Nature, 23 October 2019
藤吉栄二「量子コンピュータ～2030年に向けたロードマップ～」第330回NRIメディアフォーラム

を見据えた日本の食料安全保障戦略の構築に向けて」2017年12月
柴田明夫「日本の資源・食糧をめぐる課題」『月刊JA』2023年7月3日
BBC News Japan「日本のマクドナルドでフライドポテトが不足、サプライチェーン危機の影響」2021年12月22日
独立行政法人・農畜産業振興機構「カナダにおけるばれいしょの生産および輸出動向」2021年
S & P Global, *Commodities 2023: Canada set to become major wheat supplier in H1*, 2023
山野内勘二「オタワ便りNo. 19〜カルガリー・サスカトゥーン出張」日加協会HP、2023年11月
日本植物油協会「菜種生産の限界に挑むカナダ」『植物油 Information』第89号
寳劔久俊「カナダ農業の特徴と穀物生産動向について」『アジア経済研究所・海外研究員レポート』2014年5月
Canadian Grain Commission, *Quality of Canadian canola*, 2023
吉田宗弘「豚肉と日本人 Pork meat in Japanese People」『食生活研究』38(5)、2018年
外務省「環太平洋パートナーシップ（TPP）協定交渉」2024年2月21日
Government of Canada, *Comprehensive and Progressive Agreement for Trans-Pacific Partnership (CPTPP)*
橘川武郎「ウクライナ危機——日本のエネルギー戦略は」『NHK 視点・論点』2022年9月20日
柳秀直「ロシアのウクライナ侵攻とドイツ」『一般社団法人霞関會會報』2022年10月
CAPP, *Oil and Natural Gas in Canada*
一般社団法人・日本ガス協会「天然ガスの特徴・種類」
Government of Canada, *CANADA'S CRITICAL MINERALS STRATEGY: DISCUSSION PAPER/ Opportunities from Exploration to Recycling: Powering the green and digital economy for Canada and the world*, 2022
平田雄介「先住民の地でLNG開発」『産経新聞』2023年9月7日
World Nuclear Association『世界のウラン生産量　国別ランキング』2023年8月4日
読売新聞「米が低濃縮ウラン増産へ…日英仏加と協力、供給網の脱ロシア狙う」2024年1月25日
池部亮「フレンド・ショアリングについて考える」『世界経済評論 IMPACT』2023年2月6日

参考文献

はじめに

山野内勘二「日加関係『新しい章』への進化」『外交』Vol. 78 Mar./Apr. 2023、都市出版

川村泰久「ポスト・パンデミック 移民立国カナダの選択」『外交』Vol. 71 Jan./Feb. 2022、都市出版

序章　カナダ一五〇年余の歩み

木村和男編『新版 世界各国史23 カナダ史』山川出版社、1999年

鎌田浩毅『地球の歴史』(上)(中)(下) 中公新書、2016年

細川道久（編著）『カナダの歴史を知るための50章』明石書店、2017年

会田雄次・中村賢二郎『世界の歴史12 ルネサンス』河出書房新社、1989年

今井宏『世界の歴史13 絶対君主の時代』河出書房新社、1989年

江上波夫、山本達郎、林健太郎、成瀬治『詳説　世界史』山川出版社、1996年

小畑精和、竹中豊（編著）『ケベックを知るための54章』明石書店、2009年

山野内勘二「日加関係～回顧と展望」『The Canada-Japan Society NEWSLETTER』No. 67, December 2022

国立国会図書館調査及び立法考査局『各国憲法集（4）カナダ憲法』2012年3月

大迫丈志『カナダの行政組織とその再編』国立国会図書館調査及び立法考査局「レファレンス」平成27年9月号

International Institute for Strategic Studies (IISS), *The Military Balance 2024,* (IISS, 2024)

Pierre Berton, *Pierre Berton's War of 1812,* Penguin Random House Canada, 2011

Adam Shoalts, *A History of Canada in Ten Maps*, Penguin Random House Canada, 2018

Ahoy Publications, *Canadian History Stories 50 True and Fascinating Tales,* 2023

山野内勘二「カナダからの手紙　第1回～現代カナダの3つの個性」『東京外語会』No. 156、2022年10月1日

第一章　資源大国の実力

マッキンゼー・アンド・カンパニー日本支社「『グローバル食料争奪時代』

※進歩保守党とカナダ同盟が2003年に合併して結党

15	ベネット内閣 C	リチャード・ベッドフォード・ベネット	1930年8月7日	1935年10月23日
16	第3次マッケンジー・キング内閣 L	ウィリアム・ライアン・マッケンジー・キング	1935年10月23日	1948年11月15日
17	サンローラン内閣 L	ルイ・サンローラン	1948年11月15日	1957年6月21日
18	ディーフェンベーカー内閣 PC	ジョン・ディーフェンベーカー	1957年6月21日	1963年4月22日
19	ピアソン内閣 L	レスター・B・ピアソン	1963年4月22日	1968年4月20日
20	第1次ピエール・トルドー内閣 L	ピエール・トルドー	1968年4月20日	1979年6月4日
21	クラーク内閣 PC	ジョー・クラーク	1979年6月4日	1980年3月3日
22	第2次ピエール・トルドー内閣 L	ピエール・トルドー	1980年3月3日	1984年6月30日
23	ターナー内閣 L	ジョン・ターナー	1984年6月30日	1984年9月17日
24	マルルーニ内閣 PC	ブライアン・マルルーニ	1984年9月17日	1993年6月25日
25	キャンベル内閣 PC	キム・キャンベル	1993年6月25日	1993年11月4日
26	クレティエン内閣 L	ジャン・クレティエン	1993年11月4日	2003年12月12日
27	マーティン内閣 L	ポール・マーティン	2003年12月12日	2006年2月6日
28	ハーパー内閣 ※C	スティーヴン・ハーパー	2006年2月6日	2015年11月4日
29	ジャスティン・トルドー内閣 L	ジャスティン・トルドー	2015年11月4日	

歴代内閣の一覧

C：保守党、PC：進歩保守党（1946年に保守党から改称）、L：自由党

代	内　閣	首　相	成立年月日	終了年月日
1	第1次マクドナルド内閣 C	ジョン・A・マクドナルド	1867年7月1日	1873年11月5日
2	マッケンジー内閣 L	アレキサンダー・マッケンジー	1873年11月7日	1878年10月8日
3	第2次マクドナルド内閣 C	ジョン・A・マクドナルド	1878年10月17日	1891年6月6日
4	アボット内閣 C	ジョン・アボット	1891年6月16日	1892年11月24日
5	トンプソン内閣 C	ジョン・トンプソン	1892年12月5日	1894年12月12日
6	ボーウェル内閣 C	マッケンジー・ボーウェル	1894年12月21日	1896年4月27日
7	タッパー内閣 C	チャールズ・タッパー	1896年5月1日	1896年7月8日
8	ローリエ内閣 L	ウィルフリッド・ローリエ	1896年7月11日	1911年10月5日
9	第1次ボーデン内閣 C	ロバート・ボーデン	1911年10月10日	1917年10月12日
10	第2次ボーデン内閣 C	ロバート・ボーデン	1917年10月12日	1920年7月10日
11	第1次ミーエン内閣 C	アーサー・ミーエン	1920年7月10日	1921年12月29日
12	第1次マッケンジー・キング内閣 L	ウィリアム・ライアン・マッケンジー・キング	1921年12月29日	1926年6月28日
13	第2次ミーエン内閣 C	アーサー・ミーエン	1926年6月29日	1926年9月25日
14	第2次マッケンジー・キング内閣 L	ウィリアム・ライアン・マッケンジー・キング	1926年9月25日	1930年8月7日

山野内勘二（やまのうち・かんじ）

1958（昭和33）年生まれ，長崎県出身．1984年，東京外国語大学卒業，外務省入省．在アメリカ合衆国日本国大使館一等書記官，九州・沖縄サミット準備事務局次長，在大韓民国日本国大使館参事官，北米第一課長，総理大臣秘書官，アジア大洋州局参事官，在アメリカ合衆国日本国大使館公使，経済局長，在ニューヨーク日本国総領事・大使などを歴任して，2022年５月より駐カナダ日本国特命全権大使．

カナダ
――資源《しげん》・ハイテク・移民《いみん》が拓《ひら》く未来《みらい》の「準超大国《じゅんちょうたいこく》」

中公新書 2835

2024年12月25日発行

著　者　山野内勘二
発行者　安部順一

本文印刷　暁印刷
カバー印刷　大熊整美堂
製　本　小泉製本

発行所　中央公論新社
〒100-8152
東京都千代田区大手町1-7-1
電話　販売　03-5299-1730
　　　編集　03-5299-1830
URL https://www.chuko.co.jp/

Published by CHUOKORON-SHINSHA, INC.
Printed in Japan　ISBN978-4-12-102835-8 C1231